T0128345

essentials

essentials liefern aktuelles Wissen in konzentrierter Form. Die Essenz dessen, worauf es als „State-of-the-Art" in der gegenwärtigen Fachdiskussion oder in der Praxis ankommt. *essentials* informieren schnell, unkompliziert und verständlich

- als Einführung in ein aktuelles Thema aus Ihrem Fachgebiet
- als Einstieg in ein für Sie noch unbekanntes Themenfeld
- als Einblick, um zum Thema mitreden zu können

Die Bücher in elektronischer und gedruckter Form bringen das Expertenwissen von Springer-Fachautoren kompakt zur Darstellung. Sie sind besonders für die Nutzung als eBook auf Tablet-PCs, eBook-Readern und Smartphones geeignet. *essentials:* Wissensbausteine aus den Wirtschafts-, Sozial- und Geisteswissenschaften, aus Technik und Naturwissenschaften sowie aus Medizin, Psychologie und Gesundheitsberufen. Von renommierten Autoren aller Springer-Verlagsmarken.

Weitere Bände in der Reihe http://www.springer.com/series/13088

Maria Dimartino

Kollektives Arbeitsrecht

Der Schnelleinstieg für Praktiker

Maria Dimartino
Mörlenbach, Deutschland

ISSN 2197-6708   ISSN 2197-6716   (electronic)
essentials
ISBN 978-3-658-24557-3   ISBN 978-3-658-24558-0   (eBook)
https://doi.org/10.1007/978-3-658-24558-0

Die Deutsche Nationalbibliothek verzeichnet diese Publikation in der Deutschen Nationalbibliografie; detaillierte bibliografische Daten sind im Internet über http://dnb.d-nb.de abrufbar.

Springer Gabler ist ein Imprint der eingetragenen Gesellschaft Springer Fachmedien Wiesbaden GmbH und ist ein Teil von Springer Nature
Die Anschrift der Gesellschaft ist: Abraham-Lincoln-Str. 46, 65189 Wiesbaden, Germany

Was Sie in diesem *essential* finden können

- Einen Einstieg in die Thematik des kollektiven Arbeitsrechtes
- Erklärung von wichtigen Grundbegriffen
- Überblick über die verschiedenen Arbeitnehmergremien

Vorwort

Grundlegendes Wissen im kollektiven Arbeitsrecht ist für alle Akteure des deutschen Arbeitsrechtes unerlässlich. Gerade für Personen, die mit dem deutschen Arbeitsrecht nicht vertraut sind oder bisher noch nicht mit dem Arbeitsrecht intensiver zu tun hatten, ist der Einstieg in das kollektive Arbeitsrecht recht unübersichtlich.

Dieses *essential* gibt Personalverantwortlichen, Führungskräften, Betriebsräten und sonstigen Praktikern einen schnellen Einstieg in einen komplexen Bereich des Arbeitsrechtes – das kollektive Arbeitsrecht. Die handliche Einführung bietet einen guten Überblick über die wichtigsten Begriffe und Themen des kollektiven Arbeitsrechtes. Schwerpunkt der Darstellung ist das Betriebsverfassungsrecht. Denn nur, wer die Vokabeln und Spielregeln beherrscht, kann entsprechend agieren. Dabei sollte nie außer Acht gelassen werden, dass eine vertrauensvolle Zusammenarbeit zwischen Arbeitgeberseite und Arbeitnehmervertretung am nachhaltigsten ist.

Es werden die wichtigsten Begrifflichkeiten aufgezeigt und anhand von praxistauglichen Beispielen veranschaulicht. Daneben geben Schaubilder und Checklisten eine hilfreiche Orientierung für die tägliche Arbeit.

Mörlenbach   Maria Dimartino
im Sommer 2018

Inhaltsverzeichnis

1	Einleitung.	1
2	**Rechtsquellen des Arbeitsrechtes**	3
2.1	Prinzipien der Normenhierarchie	4
2.2	Zu den einzelnen Rechtsquellen	5
3	**Unterscheidung Individual-/Kollektivarbeitsrecht**	11
4	**Betriebsverfassungsrecht**	13
4.1	Territorialprinzip	13
4.2	Arbeitnehmer i. S. d. BetrVG	14
4.3	Leitende Angestellte.	14
5	**Betriebsrat**	17
5.1	Besonderer Kündigungsschutz.	18
5.2	Arbeitsbefreiung	18
5.3	Betriebsratssitzungen	19
5.4	Schulungen/Seminare/Weiterbildung.	20
5.5	Betriebsratsversammlungen, § 43 BetrVG	20
5.6	Freistellungen, § 38 BetrVG	22
5.7	Gesamtbetriebsrat	22
5.8	Konzernbetriebsrat	23
5.9	Europäischer Betriebsrat (EBR)	23

6   Beteiligungsrechte des Betriebsrates........................   25
6.1   Arten der Beteiligung................................   25
6.2   Soziale Angelegenheiten.............................   26
6.3   Personelle Angelegenheiten..........................   28
  6.3.1   Personelle Einzelmaßnahmen, § 99 BetrVG.........   30
  6.3.2   Vorherige Anhörung bei Kündigungen.............   30
  6.3.3   Folgen fehlerhafter bzw. unterbliebener Anhörung.....   32
6.4   Wirtschaftliche Angelegenheiten.......................   35

7   Betriebsrat und Datenschutz...............................   37
7.1   Allgemeine Aufgabe nach § 80 BetrVG..................   37
7.2   Mitbestimmung nach § 87 Abs. 1 Nr. 6 BetrVG.............   38
7.3   Betriebsvereinbarungen...............................   38

8   Betriebsvereinbarung......................................   39

9   Jugend- und Auszubildendenvertretung......................   41

10   Schwerbehindertenvertretung (SBV)........................   43

11   Wirtschaftsausschuss.....................................   45

12   Aufsichtsrat...   47
12.1   Rechtliche Regelungen..............................   47
12.2   Compliance..   48
12.3   Schulungen..   48

13   Betriebsübergang...   49

14   Interessenausgleich und Sozialplan.........................   53
14.1   Betriebsänderung...................................   54
14.2   Interessenausgleich.................................   55
14.3   Sozialplan...   56
14.4   Transfergesellschaft................................   57

15   Einigungsstelle..   59

16   Sanktionen..   61

17   Streik..   65
17.1   Rechtmäßigkeit eines Streikes........................   66
17.2   Folgen eines rechtswidrigen Arbeitskampfes..............   68
17.3   Warnstreik...   69

18 Arbeitsgerichtsbarkeit 71
   18.1 Verfahrensarten 71
   18.2 Einstweiliger Rechtsschutz 72
   18.3 Mahnverfahren 73
   18.4 Verfahrensgang. 73
   18.5 Ehrenamtliche Richter 73

Schluss 77

Literatur. 81

Abkürzungsverzeichnis

AGG	Allgemeines Gleichbehandlungsgesetz
a.F.	alte Fassung
ArbGG	Arbeitsgerichtsgesetz
ArbZG	Arbeitszeitgesetz
ArbSchG	Arbeitsschutzgesetz
BDSG	Bundesdatenschutzgesetz
BGB	Bürgerliches Gesetzbuch
BetrVG	Betriebsverfassungsgesetz
BR	Betriebsrat
BPersVG	Bundespersonalvertretungsgesetz
CMS	Compliance Management System
DSGVO	Datenschutzgrundverordnung
GBR	Gesamtbetriebsrat
GG	Grundgesetz
HGB	Handelsgesetzbuch
i.d.R.	in der Regel
i.S.d.	im Sinne des
KSchG	Kündigungsschutzgesetz
KBR	Konzernbetriebsrat
LPersVG	Landespersonalvertretungsgesetz
n.F.	neue Fassung
TvöD	Tarifvertrag für den öffentlichen Dienst
TV	Tarifvertrag
ZPO	Zivilprozessordnung

Einleitung 1

Das Arbeitsrecht, insbesondere das kollektive Arbeitsrecht, ist komplex und hat viele Schnittstellen in andere Rechtsgebiete. Das liegt an der zunehmenden Harmonisierung mit EU-Recht, aber auch daran, dass es so lebensnah ist und viele Lebenssachverhalte berührt. Das Wichtigste für Praktiker im Bereich des Arbeitsrechtes ist es, sich ständig fortzubilden und aktuell zu halten, d. h., aktuelle Entscheidungen sowie Tendenzen innerhalb der Gerichtsbarkeiten sind sorgfältig zu beobachten. Hinzu kommt es, dass man den Überblick behalten muss über die regelrechte Gesetzesänderungsflut durch den Gesetzgeber.

Dieses Werk soll Ihnen einen schnellen Einstieg in die komplexe Thematik des kollektiven Arbeitsrechts geben und die wichtigsten Begriffe und Themen aus diesem Bereich näher bringen. Der Schwerpunkt der Darstellung liegt hier bei der betrieblichen Mitbestimmung durch den Betriebsrat.

Aus Gründen der Lesbarkeit wurde im Text die männliche Form gewählt, nichtsdestoweniger beziehen sich die Angaben auf Angehörige aller Geschlechter.

© Springer Fachmedien Wiesbaden GmbH, ein Teil von Springer Nature 2019
M. Dimartino, *Kollektives Arbeitsrecht*, essentials,
https://doi.org/10.1007/978-3-658-24558-0_1

Rechtsquellen des Arbeitsrechtes

In Deutschland gibt es kein einheitliches Arbeitsgesetzbuch. Vielmehr sind arbeitsrechtliche Normen in verschiedenen Rechtsquellen verteilt. Ein sehr wichtiger Einflussfaktor im Arbeitsrecht ist das sog. Richterrecht, dies verdeutlicht, dass es sehr viele Regeln im Arbeitsrecht gibt, welche durch die Rechtsprechung entwickelt worden sind (z. B. betriebliche Übung, innerbetrieblicher Schadensausgleich etc.) und auch nicht alle Niederschlag in den Gesetzestext gefunden haben. Daher ist es wichtig, sich zunächst einen Überblick über die Rechtsquellen zu verschaffen, welche auf ein Arbeitsverhältnis einwirken und regelmäßig die aktuelle Rechtsprechung zu verfolgen. Im Folgenden sind die Rechtsquellen des Arbeitsrechtes aufgeführt – beginnend mit dem ranghöchsten Recht, dem Europarecht, bis hin zum rangniedrigsten Recht, dem Weisungsrecht des Arbeitgebers.

Hier ein Überblick über mögliche Rechtsquellen:

- Europarecht
- Grundrechte (GG)
- Gesetze (Bundes-; Landesgesetze)
- Verordnungen (VO)
- Tarifvertrag
- Betriebs-/Dienstvereinbarungen/Mitarbeitervereinbarungen (BV, DV, MV)
- Arbeitsvertrag (AV)/Betriebliche Übung (BÜ)/arbeitsrechtlicher Gleichbehandlungsgrundsatz
- Weisungsrecht des Arbeitgebers (auch Direktionsrecht genannt)

▷ **Wichtig** Lesen Sie zu einem Paragrafen parallel immer eine aktuelle Kommentierung, diese skizziert in der Regel wichtige dazugehörige Rechtsprechung und EU-Einflüsse sowie etwaige ungeschriebene Tatbestandsmerkmale.

© Springer Fachmedien Wiesbaden GmbH, ein Teil von Springer Nature 2019
M. Dimartino, *Kollektives Arbeitsrecht*, essentials,
https://doi.org/10.1007/978-3-658-24558-0_2

2.1   Prinzipien der Normenhierarchie

Die oben dargestellten Hierarchien werden auch häufig als Normenpyramide bezeichnet, diese sollte man sich immer vor dem inneren Auge kenntlich machen bzw. wissen, wo man diese schnell wieder nachschlagen kann, denn nur, wenn Sie diese Hierarchien kennen, können Sie auch das Rangprinzip und das Günstigkeitsprinzip richtig anwenden.

Rangprinzip
Das Rangprinzip besagt, dass das ranghöhere Recht der dem rangniedrigen Recht vorgeht. **Beispiel:** Der Tarifvertrag ist ranghöher als ein Arbeitsvertrag oder eine Betriebsvereinbarung, daher gehen die Regelungen in einem anwendbaren TV den Regelungen im Arbeitsvertrag grds. vor.

Günstigkeitsprinzip
Eine Ausnahme vom Rangprinzip ist das sog. Günstigkeitsprinzip. Damit dieses überhaupt Anwendung finden kann, muss zunächst festgestellt werden, dass es zutreffende Regelungen auf **verschiedenen Rängen** gibt, z. B. AV und TV. Ist jedoch in der rangniedrigeren Regelung etwas für den Arbeitnehmer Günstigeres geregelt, so kann er sich nach dem Günstigkeitsprinzip auf die für Ihn günstigere Regelung berufen. Eine ausdrückliche Normierung des Günstigkeitsprinzips findet sich in § 4 Abs. 3 TVG; dieser Rechtsgedanke findet jedoch auch im Verhältnis zu anderen Rechtsquellen Anwendung, da er Ausdruck eines Grundsatzes im Arbeitsrecht ist – unabhängig von der Art der Rechtsquelle[1].

Beispiel

Gemäß dem anzuwendenden Tarifvertrag hat ein Arbeitnehmer Anspruch auf 28 Tage Urlaub im Jahr. Im Arbeitsvertrag wurden jedoch 30 Tage Urlaub vereinbart. Der Tarifvertrag und der Arbeitsvertrag befinden sich auf unterschiedlichen Rängen. Nach dem Rangprinzip würde der Tarifvertrag vorgehen. Da bei unterschiedlichen Rängen jedoch das Günstigkeitsprinzip Anwendung findet, gilt die für den Arbeitnehmer günstigere Regelung – mithin die 30 Tage im Arbeitsvertrag.

---

[1]BAG v. 18.08.1987- 1 ABR 30/86; Deinert/Kittner § 6 Rn. 9.

> **Wichtig**
> Das Günstigkeitsprinzip kann zugunsten eines Arbeitsvertrages aus-
> geschlossen werden, wenn dieser **„betriebsvereinbarungsoffen"** aus-
> gestaltet wurde, dann haben betriebliche Regelungen grds. Vorrang.
> Höherrangiges Recht muss jedoch beachtet werden[2].
> Eine Verschlechterung von arbeitsvertraglichen Regelungen kann
> unter sehr engen Voraussetzungen im Rahmen eines sog. **„kollektiven
> Günstigkeitsvergleichs"** möglich sein.

Für Regelungen auf **gleichem Rang** gilt das Spezialitätsprinzip bzw. das Ablösungs-
oder Ordnungsprinzip.

Spezialitätsprinzip
Für Regelungen auf gleichem Rang gilt das Spezialitätsprinzip. Das Spezialitätsprinzip besagt, dass speziellere Regelungen den allgemeinen Regelungen
vorgehen, zum Beispiel gehen die Regelungen des Jugendarbeitsschutzgesetzes
(JArbSchG) den Regelungen des Arbeitszeitgesetzes (ArbZG) vor.

Ablösungs- oder Ordnungsprinzip
Beispielsweise wird der alte Tarifvertrag wird durch einen neuen Tarifvertrag
abgelöst; die alte Betriebsvereinbarung wird durch eine neue Betriebsvereinbarung abgelöst.

2.2   Zu den einzelnen Rechtsquellen

Europarecht
Europäisches Recht hat starken Einfluss auf das deutsche Arbeitsrecht. Hier sind
das primäre (z. B. Europäischer Unionsvertrag, Freizügigkeit etc.) sowie das
sekundäre Gemeinschaftsrecht zu erwähnen (Richtlinien und Verordnungen).

Richtlinien gelten nicht unmittelbar im jeweiligen Mitgliedsstaat, sondern müssen
vom nationalen Gesetzgeber noch in ein eigenes Gesetz umgesetzt werden. Die
Richtlinie dient hier als Orientierung – eben, wie das Wort es bereits sagt, als
Richtlinie für den nationalen Gesetzgeber.

---

[2]Vgl. BAG v.05.03.2013 -1 AZR 417/12.

Beispiel: Einfluss einer EU-Richtlinie auf das deutsche Arbeitsrecht
Der Rat der Europäischen Union beschloss vier Gleichbehandlungsrichtlinien[3], die national umgesetzt wurden, in Deutschland in das heutige allgemeine Gleichbehandlungsgesetz (AGG).

▷ **Tipp** Weitere Informationen zum AGG finden Sie auf der Website der Antidiskriminierungsstelle des Bundes, www.antidiskriminierungsstelle.de.

Verordnungen
Eine Verordnung gilt direkt im jeweiligen Mitgliedstaat und muss nicht erst durch ein eigenes Gesetz ungesetzt werden. Die Mitgliedstaaten bekommen eine Verordnung also sprichwörtlich „verordnet".

Beispiel DSGVO
Die Europäische Datenschutzgrundverordnung (DSGVO) gilt unmittelbar für alle EU-Mitgliedsstaaten. Der jeweilige nationale Gesetzgeber muss kein eigenes Gesetz schaffen, damit die Verordnung im Mitgliedsstaat gilt.

Grundrechte
Immer wieder spielen auch Grundrechte eine große Rolle im Arbeitsrecht. Obwohl Grundrechte grundsätzlich Abwehrrechte des Bürgers gegen den Staat darstellen und daher grds. keine unmittelbare Drittwirkung entfalten, bilden die sog. unbestimmten Rechtsbegriffe/Generalklauseln Einfallstore für die Grundrechte in das Zivilrecht bzw. Arbeitsrecht (z. B. § 138 „gute Sitten", § 242 „Treu und Glauben" BGB, § 75 Abs. 1 „Recht und Billigkeit" BetrVG, § 75 Abs. 2 BetrVG „freie Entfaltung der Persönlichkeit" etc.). Weitere Beispiele: Allgemeines Persönlichkeitsrecht (Art. 2 i. V. m. Art. 1 GG) Religionsfreiheit, (Art. 4 GG) Berufsausübungsfreiheit (Art. 12 GG), Koalitionsfreiheit sowie Tarifautonomie (Art. 9 Abs. 3 GG – gilt ausnahmsweise unmittelbar) etc.

---

[3]Antirassismus-Richtlinie (2000/43/EG); Rahmrichtlinie Beschäftigung (2000/78/EG); Gender-Richtlinie (2002/73/EG) bzw. die Neufassung zur Chancengleichheit und Gleichbehandlung von Männern und Frauen in Arbeits- und Beschäftigungsfrage 2006/54/EG); Richtlinie zur Gleichstellung der Geschlechter außerhalb der Arbeitswelt (2004/113/EG).

Gesetze
Hierzu zählen alle Bundes – oder Landesgesetze, zum Beispiel Bürgerliches
Gesetzbuch (BGB); Gewerbeordnung (GewO), Kündigungsschutzgesetz
(KSchG), Arbeitszeitgesetz (ArbZG), Bundesurlaubsgesetz (BUrlG) etc.

Anmerkung
Auf gleicher Hierarchiestufe mit dem Gesetz befinden sich Rechtsverordnungen nach
Art. 80 GG sowie Satzungen, z. B. Unfallverhütungsvorschriften der Berufsgenossen-
schaften und/oder von Trägern der gesetzlichen Unfallversicherungen (DGUV).

Achtung Es gibt eine Vielzahl von im Betrieb **aushangpflichtigen Gesetzen** und
Verordnungen und Satzungen. Hierunter fallen insbesondere (keine abschließende
Aufzählung):

- Allgemeines Gleichbehandlungsgesetz (AGG)
- Arbeitsgerichtsgesetz (ArbGG)
- Arbeitsschutzgesetz (ArbSchG)
- Arbeitsstättenverordnung (ArbStättV)
- Arbeitszeitgesetz (ArbZG)
- Arbeitssicherheitsgesetz (ASiG)
- Bundeselterngeld- und Elternzeitgesetz (BEEG)
- Bildschirmarbeitsverordnung (BildscharbV)
- Grundsätze der Prävention (DGUV Vorschrift 1)
- Heimarbeitsgesetz (HAG)
- Jugendarbeitsschutzgesetz (JArbSchG)
- Jugendarbeitsschutzuntersuchungsverordnung (JArbSchUV)
- Kinderarbeitsschutzverordnung (KindArbSchV)
- Mutterschutzgesetz (MuSchG)
- Unfallverhütungsvorschriften der Berufsgenossenschaften (UVV) – laut §§ 15,
  138 SGB VII und DGUV Vorschrift 1 zugänglich zu machen
- Anwendbare Tarifverträge
- Geltende Betriebsvereinbarungen

Kommt der Arbeitgeber dieser Aushangpflicht nicht nach, kann er sich schaden-
ersatzpflichtig machen, wenn der Verstoß gegen eine Aushangpflicht ursächlich
für den Eintritt eines Schadens ist. Daneben ist die Verhängung eines Bußgeldes
möglich, denn bei den meisten Vorschriften stellt eine Verletzung der Aushang-
verpflichtungen eine Ordnungswidrigkeit dar. Verstöße gegen die Aushangpflicht
im Zusammenhang mit der Betriebsratswahl können eine Anfechtbarkeit der
Wahl zur Folge haben.

Abb. 2.1 Tarifvertrag

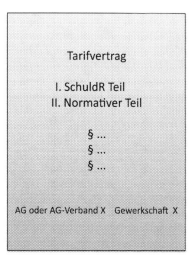

Tarifverträge

Das Tarifrecht ist überwiegend im Tarifvertragsgesetz (TVG) geregelt. Ein Tarifvertrag/Haustarifvertrag (siehe Abb. 2.1) wird von den Tarifvertragsparteien (Arbeitgeberverband bzw. Arbeitgeber und Gewerkschaften) abgeschlossen. Es gibt verschiedene Arten von Tarifverträgen, z. B. Rahmentarifverträge, Manteltarifverträge, Lohntarifverträge, allgemein verbindliche Tarifverträge (vgl. § 5 TVG) etc. Gem. § 8 TVG ist der Arbeitgeber verpflichtet die im Betrieb anwendbaren Tarifverträge sowie rechtkräftigen Beschlüsse nach § 99 ArbGG über den nach § 4a Abs. 2 S. 2 anwendbaren TV im Betrieb bekanntzumachen. Wichtig ist auch zu wissen, dass Tarifverträge wie Gesetze auszulegen sind[4].

Möglichkeiten, dass ein TV Anwendung findet:

- Arbeitgeber ist im Arbeitgeberverband und der Arbeitnehmer in der vertragsschließenden Gewerkschaft, §§ 2, 3 TVG
- Es gibt eine statische oder dynamische Verweisung im Arbeitsvertrag auf einen TV,
- Der Tarifvertrag wurde für allgemein verbindlich erklärt, § 5 TVG

---

[4]BAG v. 21.08.1997 – 5 AZR 517/96.

▶ **Tipp** Eine Übersicht über die für allgemein verbindlich erklärten TV
finden Sie auf der Website des Bundesministeriums für Arbeit und
Soziales: www.bmas.de.

Betriebsvereinbarung
Wird von den Betriebsparteien (Arbeitgeber und Betriebsrat) eine Betriebsvereinbarung abgeschlossen, gilt diese grds. **unmittelbar** und **zwingend** für alle
Arbeitnehmer im Betrieb. Eine Betriebsvereinbarung ist sozusagen „das Gesetz
des Betriebes". Es wird unterschieden zwischen erzwingbaren Betriebsvereinbarungen § 77 BetrVG und freiwilligen Betriebsvereinbarungen § 88 BetrVG.

▶ **Wichtig** Bei Verhandlungen über Betriebsvereinbarungen ist stets die
Regelungssperre des § 77 Abs. 3 BetrVG zu beachten, wonach Inhalte
eines TV nicht Gegenstand einer Betriebsvereinbarung werden dürfen,
soweit keine Öffnungsklausel besteht, die dies explizit zulässt.

Beispiel für Öffnungsklauseln
Öffnungsklauseln können sich im Gesetz oder im Tarifvertrag finden. Beispiel
für eine Öffnungsklausel im Gesetz zugunsten eines TV bzw. durch weitere
Öffnungsklausel im TV zugunsten einer BV finden Sie z. B. in § 7 Abs. 1 ArbZG.
Weitere Öffnungsklauseln finden sich z. B. in § 6 Abs. 4 TVöD, wo durch Dienstvereinbarung weiter abgewichen werden darf.

Arbeitsvertrag
Der Arbeitsvertrag ist eine individualrechtliche Vereinbarung zwischen Arbeitgeber und Arbeitnehmer. Seit dem 01.04.2017 ist der Arbeitsvertrag in § 611a
BGB n. F. geregelt.

Betriebliche Übung
Soweit kein Freiwilligkeits- oder Widerrufsvorbehalt besteht, kann bei regelmä
ßig gewährten, gleichförmigen Geld- oder Sachvorteilen des Arbeitgebers an den
Arbeitnehmer eine betriebliche Übung entstehen mit der Folge, dass der Arbeitnehmer in Zukunft einen Anspruch auf diese Leistung hat (z. B. Gratifikationen).

Beispiel
Der AG X-GmbH gewährt Arbeitnehmer Y drei Jahre in Folge jeweils im
November eine Gratifikation in Höhe von 1000,- EUR. Der Arbeitgeber hat
auf die Freiwilligkeit der Zahlung nicht hingewiesen. Dadurch hat der Arbeitnehmer Y nun auch in den Folgejahren einen Anspruch auf diese Gratifikation,
da eine sog. betriebliche Übung entstanden ist.

Weisungsrecht des Arbeitgebers

Das Weisungsrecht (auch Direktionsrecht genannt) des Arbeitgebers ist in § 106 Gewerbeordnung (GewO) geregelt – und lässt sich nun auch aus § 611a BGB n. F. herauslesen. Hiernach kann der Arbeitgeber Inhalt, Ort und Zeit der Arbeitsleistung **nach billigem Ermessen** näher bestimmen, soweit diese Arbeitsbedingungen nicht durch den Arbeitsvertrag, Bestimmungen einer Betriebsvereinbarung, eines anwendbaren Tarifvertrages oder gesetzliche Vorschriften festgelegt sind. Dies gilt auch hinsichtlich der Ordnung und des Verhaltens der Arbeitnehmer im Betrieb. Bei der Ausübung des Ermessens hat der Arbeitgeber auch auf Behinderungen des Arbeitnehmers Rücksicht zu nehmen. Es handelt sich bei dem Weisungsrecht des Arbeitgebers um ein einseitiges Leistungsbestimmungsrecht des Arbeitgebers nach § 315 BGB bezogen auf ein individuelles Arbeitsverhältnis. Die Grenzen des Weisungsrechtes finden sich im sog. „billigem Ermessen" bzw. soweit Mitbestimmungsrechte des Betriebsrates betroffen sind – z. B. § 87 Abs. 1 Nr. 1 BetrVG – oder bestimmte Regelungen festgelegt wurden.

Unterscheidung Individual-/ Kollektivarbeitsrecht

Das Arbeitsrecht ist unterteilt in zwei große Bereiche: das Individualarbeitsrecht und das Kollektivarbeitsrecht (siehe Abb. 3.1). Das Individualarbeitsrecht regelt die Rechtsbeziehungen zwischen dem Arbeitgeber (AG) und dem einzelnen Arbeitnehmer (AN). Das kollektive Arbeitsrecht regelt die Rechtsbeziehungen der arbeitsrechtlichen Koalitionen (Arbeitgeberverbände, Gewerkschaften) und der Betriebsparteien Arbeitgeber und Arbeitnehmervertretungen. Dazu gehören insbesondere das Koalitions-, Arbeitskampf-, Tarifvertrags-, Betriebsverfassungs- und Mitbestimmungsrecht.

Individualrechtliche Sachverhalte
- Arbeitgeber und Arbeitnehmer schließen einen Arbeitsvertrag.
- Der Arbeitgeber mahnt einen Arbeitnehmer wegen einer arbeitsvertraglichen Pflichtverletzung ab.
- Der Arbeitgeber schließt mit dem Arbeitnehmer einen Aufhebungsvertrag.

Kollektivrechtliche Sachverhalte
- Verhandlung/Abschluss eines Tarifvertrages
- Verhandlung/Abschluss einer Betriebsvereinbarung
- Anordnung von Überstunden

© Springer Fachmedien Wiesbaden GmbH, ein Teil von Springer Nature 2019
M. Dimartino, *Kollektives Arbeitsrecht*, essentials,
https://doi.org/10.1007/978-3-658-24558-0_3

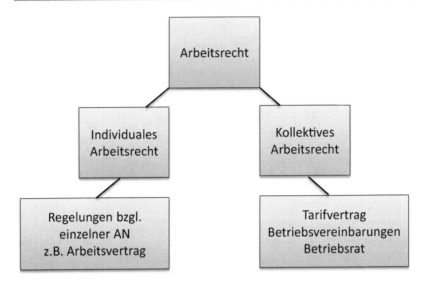

Abb. 3.1   Individual- und Kollektivarbeitsrecht

Betriebsverfassungsrecht

4

Das Betriebsverfassungsgesetz (BetrVG) regelt die Mitbestimmung der Arbeitnehmervertretung in der Privatwirtschaft. Die maßgebliche Organisationseinheit bildet hier der Betrieb. Ein Betrieb wird grob gesagt als sog. organisatorische Einheit verstanden. Im Betriebsverfassungsrecht gilt das Gebot der **vertrauensvollen Zusammenarbeit** (§§ 2 Abs. 1, 74 Abs. 1 und Abs. 2 BetrVG). Daher sind Maßnahmen des Arbeitskampfes zwischen Arbeitgeber und Betriebsrat auch unzulässig, vgl. § 74 Abs. 2 BetrVG. D. h., das BR-Amt ruht während eines Streikes nicht. D. h. soweit Betriebsratstätigkeiten anfallen, muss dies der Arbeitnehmer, der das Amt eines BR begleitet, durchführen. In seiner Funktion als Arbeitnehmer darf der BR auch streiken, d. h. er muss seiner regulären Arbeit nicht nachkommen, soweit er sich an einem rechtmäßigen Streik beteiligt (hier muss strikt getrennt werden).

4.1 Territorialprinzip

Das Betriebsverfassungsrecht gilt für alle Betriebe in Deutschland (sog. **Territorialprinzip**) – auch, wenn der jeweilige Hauptsitz im Ausland ist. Beschließt also ein ausländischer Konzern, in Deutschland einen Betrieb zu eröffnen, gelten für diesen das deutsche Arbeitsrecht und Betriebsverfassungsrecht mit der Folge, dass ab einer bestimmten Arbeitnehmerzahl das Kündigungsschutzgesetz (§ 1, § 23 KSchG) greift oder ein Betriebsrat (§ 1 BetrVG) unabhängig vom Willen des Arbeitgebers gegründet werden kann.

© Springer Fachmedien Wiesbaden GmbH, ein Teil von Springer Nature 2019
M. Dimartino, *Kollektives Arbeitsrecht,* essentials,
https://doi.org/10.1007/978-3-658-24558-0_4

SELBSTSTÄNDIG	ARBEITNEHMER
• § 84 S. 2 HGB • Mehrere Auftraggeber • Frei in der Annahme von Aufträgen • Kann Ort, Art, Zeit der Arbeit selbst bestimmen • Trägt eigenes wirtschaftliches Risiko	• § 611a BGB n.F. • § 106 GewO • Weisungsgebunden • Persönliche Abhängigkeit • Kann Ort, Art, Zeit der Arbeit nicht selbst bestimmen

Abb. 4.1 Abgrenzung Selbstständiger/Arbeitnehmer

4.2   Arbeitnehmer i. S. d. BetrVG

Das Betriebsverfassungsrecht gilt für alle **Arbeitnehmer** im Sinne von § 5 Abs. 1 BetrVG. Hierunter fallen Angestellte, Arbeiter, in Heimarbeit Beschäftigte, die in der Hauptsache für einen Betrieb arbeiten. Als Arbeitnehmer im Sinne des BetrVG gelten ferner: Beamte, Soldaten sowie Arbeitnehmer des öffentlichen Dienstes einschließlich der Auszubildenden.

Abgrenzung Arbeitnehmer/Selbstständiger

Wer Arbeitnehmer ist, richtet sich nicht nach den vertraglichen Regelungen, sondern nach dem tatsächlich gelebten Vertragsverhältnis. Ein Arbeitnehmer wird regelmäßig von einem Selbstständigen abgegrenzt, § 84 Abs. 1 S. 2 HGB, siehe auch Abb. 4.1). Nach dieser Legaldefinition, ist selbstständig, wer im wesentlichen frei seine Tätigkeit gestalten und seine Arbeitszeit bestimmen kann.

Eine Definition findet sich seit April 2017 in § 611a BGB n. F., diese Norm fasst jedoch nur die bisher von der Rechtsprechung entwickelten Grundsätze zusammen. Arbeitnehmer sind weisungsgebunden und persönlich abhängig, sie können Ort, Art und Zeit der Arbeit nicht selbst bestimmen. Dies ergibt sich auch aus § 106 GewO.

4.3   Leitende Angestellte

Leitende Angestellte sind zwar Arbeitnehmer i. S. d. § 5 ArbGG sowie nach dem KSchG mit gewissen Einschränkungen (vgl. § 14 Abs. 2 KSchG) jedoch keine Arbeitnehmer i. S. d. Betriebsverfassungsrechts (vgl. § 5 Abs. 3 BetrVG). Dies bedeutet, dass der Betriebsrat für leitende Angestellte nicht zuständig ist und ebenso Betriebsvereinbarungen grds. für diese nicht gelten. Leitende Angestellte dürfen an der Betriebsratswahl nicht teilnehmen und sind auch nicht wählbar.

Eine Begriffsbestimmung findet sich im Gesetz. Nach § 5 Abs. 3 BetrVG ist **leitender Angestellte** wer:

§ 5 Abs. 3 BetrVG

1. zur **selbstständigen Einstellung und Entlassung** von im Betrieb oder in der Betriebsabteilung beschäftigten Arbeitnehmern berechtigt ist oder

2. **Generalvollmacht** oder **Prokura** hat und die Prokura auch im Verhältnis zum Arbeitgeber nicht unbedeutend ist oder

3. regelmäßig sonstige **Aufgaben** wahrnimmt, die für den Bestand und die Entwicklung des Unternehmens oder eines Betriebs von Bedeutung sind und deren Erfüllung besondere Erfahrungen und Kenntnisse voraussetzt, wenn er dabei entweder die Entscheidungen im **Wesentlichen frei von Weisungen** trifft oder sie maßgeblich beeinflusst; dies kann auch bei Vorgaben insbesondere aufgrund von Rechtsvorschriften, Plänen oder Richtlinien sowie bei Zusammenarbeit mit anderen leitenden Angestellten gegeben sein.

Leitende Angestellte haben weniger Schutzrechte (§ 14 Abs. 2 KSchG). Für Leitende Angestellte findet das Arbeitszeitgesetz keine Anwendung (§ 18 Abs. 1 Nr. 1 ArbZG).

Grundsätzlich haben leitende Angestellte zwar einen Kündigungsschutz nach dem KSchG, soweit die Voraussetzungen (Dauer der Betriebszugehörigkeit § 1 KSchG, kein Kleinbetrieb § 23 BetrVG) vorliegen. Leitende Angestellte haben aber weniger arbeitsrechtlichen Schutz im Kündigungsschutzprozess, da das Arbeitsrecht überwiegend als Arbeitnehmerschutzrecht ausgestaltet ist und leitende Angestellte eher im Lager des Arbeitgebers stehen. Leitende Angestellte haben einen schwächeren Kündigungsschutz, da der Arbeitgeber einen Auflösungsantrag nach § 14 Abs. 2 KSchG i. V. m. § 9 KSchG stellen kann, soweit ihm eine Weiterbeschäftigung des leitenden Angestellten nicht mehr zumutbar ist. Der Arbeitgeber muss einen solchen Antrag bei leitenden Angestellten nicht begründen, daher wird dies auch nicht durch das Gericht geprüft. Wenn der Arbeitgeber den **Auflösungsantrag** beim Arbeitsgericht gestellt hat, ist dem Arbeitnehmer eine **angemessene Abfindung** zu zahlen. Die Abfindungshöhe wird bei einem Auflösungsvertrag vom Arbeitsgericht bestimmt, vgl. § 9 Abs.1 KSchG.

Leitende Angestellte können eine eigene Vertretung bilden, diese nennt man **Sprecherausschuss.** Geregelt sind diese Voraussetzungen im Sprecherausschussgesetz (SprAuG). Ein Sprecherausschuss kann gebildet werden, wenn im Betrieb

i. d. R. mind. 10 leitende Angestellte beschäftigt werden (vgl. § 1 SprAuG). Er vertritt die Belange der leitenden Angestellten, ist rechtlich aber weitaus schwächer ausgestaltet als ein Betriebsrat. Auch der besondere Kündigungsschutz nach § 15 KSchG findet keine Anwendung.

▶ **Hinweis** Eine beabsichtigte Einstellung oder personelle Veränderung eines in § 5 Abs. 3 BetrVG genannten leitenden Angestellten ist dem Betriebsrat rechtzeitig mitzuteilen, vgl. § 105 BetrVG.

Betriebsrat 5

Der Betriebsrat ist die Arbeitnehmervertretung im Betrieb. Hat der Betrieb i. d. R. **fünf** ständige Arbeitnehmer, von denen drei wählbar sind, so darf hier ein Betriebsrat gebildet werden, vgl. § 1 BetrVG. Wer Arbeitnehmer i. S. d. BetrVG ist, bestimmt § 5 Abs. 1 BetrVG. Wahlberechtigt sind alle Arbeitnehmer, die das 18. Lebensjahr vollendet haben, und überlassene Arbeitnehmer (auch: Leiharbeitnehmer, Zeitarbeitnehmer, Leasingkräfte genannt), soweit diese länger als drei Monate im Betrieb eingesetzt werden, vgl. § 7 BetrVG. Wählbar sind grds. alle wahlberechtigten Arbeitnehmer, die sechs Monate dem Betrieb angehören, § 8 Abs. 1 BetrVG.

Die Betriebsratswahlen finden üblicherweise im Zeitraum vom 01. März bis 31. Mai statt (§ 13 BetrVG). Die reguläre Betriebsratsamtszeit beträgt vier Jahre (§ 21 BetrVG). Die Wahlen werden selbstständig durch den Betriebsrat organisiert bzw. durch einen Wahlvorstand eingeleitet. Es gibt zwei **Wahlverfahren,** ein „normales Wahlverfahren" und ein schnelleres sog. „vereinfachtes Wahlverfahren" (§ 14a BetrVG i. V. m. WO) für kleinere Betriebe, um die Kosten für den Arbeitgeber im tragbaren Rahmen zu halten, da diese die Kosten der Betriebsratswahl zu tragen haben.

> **Wichtig** Bei der Anzahl der Feststellung der Anzahl werden die Arbeitnehmer pro Kopf gezählt, d. h. Teilzeitkräfte zählen voll mit, ebenso Beurlaubte, Erkrankte, Arbeitnehmer in Elternzeit[1] etc.

---

[1] Fitting, § 1 Rn. 272.

© Springer Fachmedien Wiesbaden GmbH, ein Teil von Springer Nature 2019
M. Dimartino, *Kollektives Arbeitsrecht,* essentials,
https://doi.org/10.1007/978-3-658-24558-0_5

Arbeitgeber und Betriebsrat arbeiten vertrauensvoll zum Wohle des Betriebes und der Arbeitnehmer zusammen, §§ 2, 74 Abs. 2 BetrVG. Das Betriebsratsamt ist ein **Ehrenamt.** Die Betriebsratsarbeit ist grds. während der Arbeitszeit zu erledigen, der Arbeitgeber hat die Betriebsratsmitglieder hierfür freizustellen – unter Fortzahlung der Vergütung. Mitglieder der Arbeitnehmervertretung dürfen in der Ausübung ihrer Tätigkeit weder gestört oder behindert noch wegen ihrer Tätigkeit benachteiligt oder begünstigt werden, mithin weder aufgrund des Amtes bevorteilt oder benachteiligt werden, vgl. § 78 BetrVG.

5.1   Besonderer Kündigungsschutz

Betriebsratsmitglieder genießen nach § 15 Abs. 1 KSchG, § 103 BetrVG einen Sonderkündigungsschutz. Ein Arbeitgeber kann einem Betriebsratsmitglied nur dann wirksam kündigen, wenn die Voraussetzungen für eine außerordentliche/ fristlose Kündigung aus wichtigem Grund vorliegen (vgl. § 15 KSchG, § 626 BGB). Die ordentliche Kündigung (§ 623 BGB) des Arbeitsverhältnisses eines Mitglieds des Betriebsrats ist ausgeschlossen. Gleiches gilt für die Kündigung des Arbeitsverhältnisses von Mitgliedern der Jugend- und Auszubildendenvertretung, von Mitgliedern des Wahlvorstandes sowie von Wahlbewerbern. Zudem wird bei einer außerordentlichen Kündigung eines Betriebsratsmitgliedes eine Zustimmung durch den Betriebsrat benötigt, vgl. § 103 BetrVG. Wird diese Zustimmung durch den Betriebsrat nicht erteilt oder existieren keine weiteren Betriebsratsmitglieder so kann der Arbeitgeber diese Zustimmung auf Antrag durch das Arbeitsgericht ersetzen lassen, § 103 Abs. 2 BetrVG.

5.2   Arbeitsbefreiung

Die Mitglieder des Betriebsrats sind weiterhin Arbeitnehmer des Betriebs und zur arbeitsvertraglichen Arbeitsleistung verpflichtet. Durch die Übernahme des Amtes fallen jedoch zusätzliche Amtspflichten an. Das Gesetz räumt der Erfüllung der Betriebsratsaufgaben Vorrang ein (vgl. § 37 Abs. 2, § 38 BetrVG). Betriebsratsarbeit[2] und Sitzungen (vgl. § 30 BetrVG) finden grundsätzlich während der Arbeitszeit statt.

---

[2]Fitting, § 37 Rn. 35.

5.3 Betriebsratssitzungen

Es gibt keine fixe Zahlenvorgabe, wie regelmäßig oder häufig Betriebsratssitzungen nach § 30 BetrVG stattzufinden haben. Es kommt immer auf die **Erforderlichkeit** der Sitzungen unter Abwägung der Verhältnismäßigkeit an. Der Betriebsrat hat den Arbeitgeber über den Zeitpunkt der Sitzung vorher zu unterrichten, davon kann abgesehen werden, wenn z. B. die Betriebsratssitzung laut Geschäftsordnung regelmäßig zu einem bestimmten Zeitpunkt stattfindet und der Arbeitgeber hiervon einmal unterrichtet worden ist[3]. Gleichzeitig ist bei der Ansetzung auf die **betriebliche Notwendigkeit Rücksicht** zu nehmen[4]. Übliche Konstellationen sind: einmal in der Woche oder einmal alle zwei Wochen. Daneben sind außerplanmäßige Betriebsratssitzungen z. B. für kurzfristig angeordnete Überstunden (§ 87 Abs. 1 Nr. 3 BetrVG) oder Anhörungen zu geplanten ordentlichen oder außerordentlichen Kündigungen (§ 102 BetrVG) möglich.

Neben den Betriebsratsmitgliedern besitzen folgende Vertreter ein Recht auf Teilnahme an allen Betriebsratssitzungen:

- die Schwerbehindertenvertretung (§ 32 BetrVG) und
- ein Vertreter der Jugend- und Auszubildendenvertretung (§ 67 Abs. 1 Satz 1 BetrVG); wobei hier zwischen dem allgemeinen Teilnahmerecht (ein Vertreter der JAV) und der besonderen Teilnahmepflicht (gesamte JAV) weiter unterschieden wird.

Der Betriebsrat hat die Möglichkeit, unter bestimmten Voraussetzungen Vertreter der Gewerkschaft und/oder den Arbeitgeber zur Betriebsratssitzung einzuladen[5].

Streitigkeiten über den Zeitpunkt von BR-Sitzungen bzw. wer an ihnen teilnehmen oder hinzugezogen werden darf, entscheidet das Arbeitsgericht im Beschlussverfahren (vgl. §§ 2a, 80 ff. ArbGG).

---

[3]Fitting, § 30 Rn. 14.
[4]Fitting, § 30 Rn. 10.
[5]Fitting, § 31 Rn. 5.

5.4   Schulungen/Seminare/Weiterbildung

Damit die **Arbeitnehmervertretung** ihre Aufgaben erfüllen und z. B. die Einhaltung der Arbeitnehmerschutzrechte überprüfen bzw. in Sachen der Mitbestimmung entsprechend agieren kann, sind Grundlagenseminare und ggf. Spezialseminare erforderlich unter Wahrung des **Verhältnismäßigkeitsgrundsatzes**. Es gibt daher keine feste Anzahl oder Wochendauer, die diesen Schulungsanspruch begrenzen. Betriebsratsmitglieder haben einen Schulungsanspruch nach § 37 Abs. 6 BetrVG. Soweit ein **Ersatzmitglied** regelmäßig einspringt, ist auch hier eine Schulung erforderlich. Die erforderlichen Kosten einer Schulung nach § 37 Abs. 6 BetrVG hat der Arbeitgeber zu tragen, vgl. § 40 Abs. 1 BetrVG. Daneben besteht ein Schulungsanspruch nach § 37 Abs. 7 BetrVG. Hier ist der Weiterbildungsanspruch auf drei Wochen innerhalb einer Amtszeit begrenzt; für Betriebsratsmitglieder, die das Amt erstmalig bekleiden, erhöht sich der Weiterbildungsanspruch während ihrer ersten Amtszeit nach § 37 Abs. 7 S. 2 BetrVG auf vier Wochen. Das jeweilige Betriebsratsmitglied hat hier nur Anspruch auf bezahlte Freistellung durch den Arbeitgeber. Veranstaltungen nach § 37 Abs. 7 BetrVG müssen explizit als solche ausgeschrieben werden. Hierzu muss die Veranstaltung von der obersten Arbeitsbehörde des Landes nach Beratung mit den Spitzenorganisationen der Gewerkschaften und der Arbeitgeberverbände als geeignet anerkannt sein.

Anmerkung Soweit die landesrechtlichen Voraussetzungen für Bildungsurlaub vorliegen besteht dieser daneben, da dieser unabhängig vom Betriebsratsamt jedem Arbeitnehmer zusteht. Daneben haben auch Vertreter der Schwerbehindertenvertretung, der Jugend- und Auszubildendenvertretung und des Wirtschaftsausschusses Anspruch auf erforderliche Schulungen.

▶   **Tipp** Beachten Sie, dass es ggf. Regelungen bedarf bzgl. der Reisezeiten.

5.5   Betriebsratsversammlungen, § 43 BetrVG

Der folgende Auszug aus § 43 Abs. 1 BetrVG wird in der Praxis leider häufig außer Acht gelassen. Gem. § 43 Abs. 1 BetrVG – man beachte den Gesetzeswortlaut –.

„…hat der Betriebsrat **einmal in jedem Kalendervierteljahr** eine Betriebsversammlung einzuberufen und in ihr einen Tätigkeitsbericht zu erstatten".

Weiter heißt es

„Liegen die Voraussetzungen des § 42 Abs. 2 Satz 1 vor, so hat der Betriebsrat
in jedem Kalenderjahr zwei der in Satz 1 genannten Betriebsversammlungen
als Abteilungsversammlungen durchzuführen. Die Abteilungsversammlungen
sollen möglichst gleichzeitig stattfinden. Der Betriebsrat kann in jedem
Kalenderhalbjahr eine weitere Betriebsversammlung oder, wenn die Voraussetzungen des § 42 Abs. 2 Satz 1 vorliegen, einmal weitere Abteilungsversammlungen durchführen, wenn dies aus besonderen Gründen zweckmäßig
erscheint."

Anmerkung Abteilungsversammlungen sind gerade in Schichtbetrieben sinn-
voll. Soweit es die betriebliche Aufteilung erforderlich macht können auch
Teilversammlungen durchgeführt werden.
In § 43 Abs. 2 BetrVG heißt es weiter:

„Der Arbeitgeber ist zu den Betriebs- und Abteilungsversammlungen unter
Mitteilung der Tagesordnung einzuladen. Er ist berechtigt, in den Ver-
sammlungen zu sprechen. Der Arbeitgeber oder sein Vertreter hat mindestens
einmal in jedem Kalenderjahr in einer Betriebsversammlung über das Perso-
nal- und Sozialwesen einschließlich des Stands der Gleichstellung von Frauen
und Männern im Betrieb sowie der Integration der im Betrieb beschäftigten
ausländischen Arbeitnehmer, über die wirtschaftliche Lage und Entwicklung
des Betriebs sowie über den betrieblichen Umweltschutz zu berichten, soweit
dadurch nicht Betriebs- oder Geschäftsgeheimnisse gefährdet werden."

▶ **Wichtig** Aus § 43 Abs. 2 BetrVG ergibt sich eine Pflicht für den Arbeitgeber! Die Arbeitnehmer des Betriebes, die an den Betriebsversammlungen teilnehmen erhalten während dieser Zeit ihre Vergütung
  weiterbezahlt, da diese Teilnahme wie Arbeitszeit vergütet wird. Es
  entsteht hierdurch dem Arbeitnehmer kein Verdienstausfall.

5.6 Freistellungen, § 38 BetrVG

Ab einer gewissen Anzahl von Arbeitnehmern im Betrieb sind Betriebsratsmitglieder von ihrer beruflichen Tätigkeit freizustellen, damit sie das Betriebsratsamt in Vollzeit ausüben können. Die Schwellenwerte sind in § 38 BetrVG
geregelt. Denkbar sind auch Teilfreistellungen, mehrerer Betriebsratsmitglieder.

Beispiel: Für einen Freistellungsanspruch
Bei 200 bis 500 Arbeitnehmern im Betrieb ist ein Betriebsratsmitglied von seiner
Tätigkeit freizustellen um das Betriebsratsamt „in Vollzeit" auszuüben.

▶ **Wichtig** Ein wichtiges Thema im Zusammenhang mit Ehrenamt und
Arbeitsentgelt (§ 37 Abs. 4 S. 1 BetrVG) ist die Betriebsratsvergütung
von freigestellten Betriebsratsmitgliedern. Es ist hier auf die betriebs-
übliche Entwicklung von Vergleichspersonen abzustellen[6]. Ggf. sind
Regelungen für Außerhaustermine von freigestellten Betriebsratsmitgliedern zu treffen.

5.7 Gesamtbetriebsrat

Bestehen in einem Unternehmen mehrere Betriebsräte, so **ist** ein Gesamtbetriebsrat zu errichten, vgl. § 47 Abs. 1 BetrVG. Voraussetzung hierfür ist, dass
für das Unternehmen ein **einheitlicher Rechtsträger** sowie eine **einheitliche
selbstständige Organisation** bestehen. Die Bildung eines GBR ist zwingendes
Recht. Beteiligt sich ein Betriebsrat nicht an der Errichtung des Gesamtbetriebsrats, so stellt dies in aller Regel eine grobe Pflichtverletzung dar, § 23 BetrVG.
Der Gesamtbetriebsrat ist zuständig für die Behandlung von Angelegenheiten,
die das Gesamtunternehmen oder mehrere Betriebe betreffen und nicht durch
die einzelnen Betriebsräte geregelt werden können. Der GBR ist den einzelnen
Betriebsräten nicht übergeordnet. Der Gesamtbetriebsrat ist zuständig, wenn bei
vernünftiger Würdigung eine zwingende sachliche Notwendigkeit innerhalb des
Unternehmens besteht.

---

[6]BAG v. 18.01.2017 – 7 AZR 205/15.

5.8   Konzernbetriebsrat

Darüber hinaus **kann** in jedem Konzern (§ 18 Abs. 1 AktG) ein Konzernbetriebsrat nach § 54 BetrVG gebildet werden. Der Konzernbetriebsrat ist zuständig
für die Behandlung von Angelegenheiten, die den Konzern oder mehrere
Konzernunternehmen betreffen und nicht durch die einzelnen Gesamtbetriebs-
räte innerhalb ihrer Unternehmen geregelt werden können (§ 58 BetrVG). Eine
konzernweite Regelung ist häufig bei der Einführung einer einheitlichen Software
für alle Unternehmen der Fall.

5.9   **Europäischer Betriebsrat (EBR)**

Für EU-weit tätige Unternehmen bzw. Unternehmensgruppen können als Arbeitnehmervertretung europäische Betriebsräte gebildet werden. Regelungen finden
sich in der EBR-Richtlinie 2009/38/EG und im national umgesetzten EBRG.
Betriebsräte werden nicht nur in Unternehmen, sondern auch in Konzernen
gebildet, vgl. § 2 EBRG.

Der Europäische Betriebsrat (EBR) ist eine Arbeitnehmervertretung in grenzüberschreitend tätigen Unternehmen in der Europäischen Union bzw. im Europäischen Wirtschaftsraum. Der EBR ist zuständig in Angelegenheiten, die das
gemeinschaftsweit tätige Unternehmen oder die gemeinschaftsweite Unternehmensgruppe insgesamt oder mindestens zwei Betriebe oder zwei Unternehmen
in verschiedenen Mitgliedsstaaten betreffen, § 1 Abs. 2 EBRG. Nach § 3 Abs. 1
EBRG ist ein **Unternehmen** gemeinschaftsweit tätig, wenn es mindestens 1000
Arbeitnehmer in den Mitgliedstaaten und davon jeweils **mindestens 150 Arbeitnehmer in mindestens zwei Mitgliedstaaten beschäftigt.** Eine **Unternehmensgruppe** ist gemeinschaftsweit tätig, wenn sie mindestens 1000 Arbeitnehmer in
den Mitgliedstaaten beschäftigt und ihr mindestens zwei Unternehmen mit Sitz in
verschiedenen Mitgliedstaaten angehören, die jeweils mindestens je 150 Arbeitnehmer in verschiedenen Mitgliedstaaten beschäftigen, § 3 Abs. 2 EBRG.

Die Zuständigkeit des Eurobetriebsrats ist beschränkt auf Information und
Anhörung bei Unternehmensentscheidungen bzw. -entwicklungen, die – über
den nationalen Raum hinaus – grenzüberschreitend Auswirkungen auf die Arbeitnehmer des entsprechenden Unternehmens bzw. der Unternehmensgruppe haben.

Im Eurobetriebsrat sind nicht nur deutsche Arbeitnehmer, sondern auch
Beschäftigte aus anderen europäischen Ländern mit Sitz und Stimme vertreten. § 23
EBRG regelt, dass die deutschen Mitglieder eines Eurobetriebsrats vom Konzernbetriebsrat, Gesamtbetriebsrat bzw. einer gemeinsamen Sitzung der Betriebsräte zu
wählen sind, die alle Arbeitnehmer des Unternehmens in Deutschland vertreten.

Beteiligungsrechte des Betriebsrates

6

Im § 80 BetrVG sind die **allgemeinen Aufgaben** des Betriebsrates geregelt, diese beziehen sich sowohl auf soziale und personelle als auch wirtschaftliche Angelegenheiten. In § 80 Abs. 2 S. 2 HS. 2 BetrVG ist beispielsweise das Recht des Betriebsrates geregelt, die Listen über Bruttolöhne einzusehen. Da der Betriebsrat ohnehin zur Verschwiegenheit verpflichtet ist und auch kein Dritter i. S. d. BDSG ist, besteht auch kein Anlass, die Gehaltslisten zu anonymisieren[1]. In den §§ 81 bis 86a BetrVG sind Mitwirkungs- und Beschwerderechte des Arbeitnehmers geregelt. Die §§ 87 bis 89 BetrVG regeln soziale Angelegenheiten. In den §§ 92 bis 105 BetrVG ist die Beteiligung in personellen Angelegenheiten geregelt und in den §§ 106 bis 113 BetrVG die Beteiligung in wirtschaftlichen Angelegenheiten.

6.1 Arten der Beteiligung

Es gibt unterschiedliche Intensitäten der Beteiligung des Betriebsrates. Es wird unterschieden zwischen Anhörungsrechten, Informationsrechten, Mitbestimmungs- und Initiativrechten. Wie der Betriebsrat konkret zu beteiligen ist, steht in der jeweiligen Gesetzesnorm.

---

[1]LAG Hamm v. 19.09.2017 – TaBV 43/17.

© Springer Fachmedien Wiesbaden GmbH, ein Teil von Springer Nature 2019
M. Dimartino, *Kollektives Arbeitsrecht*, essentials,
https://doi.org/10.1007/978-3-658-24558-0_6

Monatsgespräch

Ein regelmäßiger Austausch und intensive Kommunikation zwischen Arbeitgeber und der Arbeitnehmervertretung ist wichtig, daher ist auch die Durchführung eines Monatsgesprächs zwischen Arbeitgeber und Betriebsrat sehr sinnvoll und Teil der vertrauensvollen Zusammenarbeit (§ 2 BetrVG). Hier können bestehende Probleme bereits gemeinsam frühzeitig erkannt und diesen entgegengewirkt werden, vgl. § 74 Abs. 1 BetrVG.

6.2   Soziale Angelegenheiten

Das stärkste Mitbestimmungsrecht hat der Betriebsrat bei den sozialen Angelegenheiten, daher ist es für Arbeitgeber wichtig, insbesondere hier den Betriebsrat ordnungsgemäß zu beteiligen, da es sonst zu unangenehmen und teuren Folgen kommen kann. Das Herzstück der sozialen Angelegenheiten bildet § 87 BetrVG. Dieser regelt in Abs. 1 Nr.1 bis 13 BetrVG die obligatorische Mitbestimmung des Betriebsrates, wie sie sich aus § 87 Abs. 2 BetrVG ergibt, da die Rechtsfolge bei Scheitern der Verhandlungen zwischen Arbeitgeber und Betriebsrat die Einberufung einer Einigungsstelle ist (vgl. auch § 76 BetrVG).

Der „Star" der Mitbestimmung ist § 87 BetrVG. Hier hat der Betriebsrat starke Mitbestimmungsrechte, daher ist die genaue Kenntnis dieser Norm für Arbeitgeber und Betriebsräte unerlässlich. In § 87 Abs. 1 BetrVG wird im Einleitungssatz der Gesetzes- und Tarifvorbehalt nochmals deutlich. § 87 Abs. 2 BetrVG benennt als Rechtsfolge, soweit keine Einigung erzielt werden kann, die Einberufung einer Einigungsstelle.

▷   **Merke** soweit im BetrVG das Wort Einigungsstelle als Rechtsfolge aufgeführt ist, besteht eine **obligatorische** Mitbestimmung des Betriebsrates.

§ 87 BetrVG Soziale Angelegenheit

(1) Der Betriebsrat hat, **soweit eine gesetzliche oder tarifliche Regelung nicht besteht,** in folgenden Angelegenheiten mitzubestimmen:

1. Fragen der Ordnung des Betriebs und des Verhaltens der Arbeitnehmer im Betrieb;
2. Beginn und Ende der täglichen Arbeitszeit einschließlich der Pausen sowie Verteilung der Arbeitszeit auf die einzelnen Wochentage;

3. vorübergehende Verkürzung oder Verlängerung der betriebsüblichen Arbeitszeit;
4. Zeit, Ort und Art der Auszahlung der Arbeitsentgelte;
5. Aufstellung allgemeiner Urlaubsgrundsätze und des Urlaubsplans sowie die Festsetzung der zeitlichen Lage des Urlaubs für einzelne Arbeitnehmer, wenn zwischen dem Arbeitgeber und den beteiligten Arbeitnehmern kein Einverständnis erzielt wird;
6. Einführung und Anwendung von technischen Einrichtungen, die dazu bestimmt sind, das Verhalten oder die Leistung der Arbeitnehmer zu überwachen;
7. Regelungen über die Verhütung von Arbeitsunfällen und Berufskrankheiten sowie über den Gesundheitsschutz im Rahmen der gesetzlichen Vorschriften oder der Unfallverhütungsvorschriften;
8. Form, Ausgestaltung und Verwaltung von Sozialeinrichtungen, deren Wirkungsbereich auf den Betrieb, das Unternehmen oder den Konzern beschränkt ist;
9. Zuweisung und Kündigung von Wohnräumen, die den Arbeitnehmern mit Rücksicht auf das Bestehen eines Arbeitsverhältnisses vermietet werden, sowie die allgemeine Festlegung der Nutzungsbedingungen;
10. Fragen der betrieblichen Lohngestaltung, insbesondere die Aufstellung von Entlohnungsgrundsätzen und die Einführung und Anwendung von neuen Entlohnungsmethoden sowie deren Änderung;
11. Festsetzung der Akkord- und Prämiensätze und vergleichbarer leistungsbezogener Entgelte, einschließlich der Geldfaktoren;
12. Grundsätze über das betriebliche Vorschlagswesen;
13. Grundsätze über die Durchführung von Gruppenarbeit; Gruppenarbeit im Sinne dieser Vorschrift liegt vor, wenn im Rahmen des betrieblichen Arbeitsablaufs eine Gruppe von Arbeitnehmern eine ihr übertragene Gesamtaufgabe im Wesentlichen eigenverantwortlich erledigt.

(2) Kommt eine Einigung über eine Angelegenheit nach Absatz 1 nicht zustande, so entscheidet die Einigungsstelle. Der Spruch der **Einigungsstelle** ersetzt die Einigung zwischen Arbeitgeber und Betriebsrat.

Anmerkung Die einzelnen Inhalte des § 87 Abs. 1 Nr. 1 bis Nr. 13 sowie deren Möglichkeiten und Grenzen sollten unbedingt vertieft werden.

6.3   Personelle Angelegenheiten

Anhörungs- und Vorschlagsrecht
§ 82 BetrVG regelt die Anhörungs- und Erörterungsrechte des Arbeitnehmers.

(1) Der Arbeitnehmer hat das Recht, in betrieblichen Angelegenheiten, die seine Person betreffen, von den nach Maßgabe des organisatorischen Aufbaus des Betriebs hierfür zuständigen Personen **gehört** zu werden. Er ist berechtigt, zu Maßnahmen des Arbeitgebers, die ihn betreffen, Stellung zu nehmen sowie **Vorschläge** für die Gestaltung des Arbeitsplatzes und des Arbeitsablaufs zu machen. (2) Der Arbeitnehmer kann verlangen, dass ihm die **Berechnung und Zusammensetzung seines Arbeitsentgelts erläutert** und dass mit ihm die **Beurteilung** seiner Leistungen sowie die Möglichkeiten seiner beruflichen Entwicklung im Betrieb erörtert werden. Er kann ein Mitglied des Betriebsrats hinzuziehen. Das Mitglied des Betriebsrats hat über den Inhalt dieser Verhandlungen Stillschweigen zu bewahren, soweit es vom Arbeitnehmer im Einzelfall nicht von dieser Verpflichtung entbunden wird.

Einsicht in Personalakte/Hinzufügen von Gegendarstellungen
§ 83 BetrVG gewährt jedem Arbeitnehmer das Recht, **Einsicht in seine Personalakte** zu nehmen. Dabei kann er ein Mitglied des Betriebsrates hinzuziehen. Erklärungen des Arbeitnehmers zur Personalakte – insbesondere **Gegendarstellungen** zu Abmahnungen – sind auf Verlangen des Arbeitnehmers zur Personalakte hinzuzufügen, § 83 Abs. 2 BetrVG.

Beschwerderechte
In § 84 BetrVG ist das **Beschwerderecht** des Arbeitnehmers geregelt. Der Arbeitnehmer kann ein Betriebsratsmitglied hinzuziehen. Gem. § 85 BetrVG kann der Arbeitnehmer seine Beschwerde auch durch den Betriebsrat geltend machen. Soweit der Betriebsrat diese für berechtigt erachtet, hat dieser auf Abhilfe hinzuwirken und kann im Falle einer Nichtabhilfe dafür sogar eine Einigungsstelle einberufen, § 85 Abs. 2 BetrVG.

Anmerkung Weitere Beschwerderechte von Beschäftigten finden sich in Spezialgesetzen (vgl. z. B. § 13 AGG, § 17 Abs. 2 ArbSchG). Es sind keine erhöhte Anforderungen an eine Beschwerde zu stellen, diese kann formfrei z. B. mündlich erfolgen. Aus Beweisgründen ist es sinnvoll, eine Beschwerde zu dokumentieren und sich gegenzeichnen zu lassen.

Beschäftigungssicherung, § 92a BetrVG,
Soweit der BR eine **interne Ausschreibung** von Arbeitsplätzen nach § 93 BetrVG verlangt hat, ist diese vor einer externen Ausschreibung durchzuführen, sonst kann der BR der Einstellung mangels ordnungsgemäßer Ausschreibung gem. § 99 Abs. 2 BetrVG die Zustimmung verweigern.

Personalfragebogen und Beurteilungsgrundsätze
Will der Arbeitgeber Personalfragebögen verwenden, braucht er dazu nach § 94 Abs. 1 S. 1 BetrVG die Zustimmung des Betriebsrats. Von der Vorschrift erfasst werden sowohl Einstellungsfragebögen für Bewerber als auch solche Fragebögen, die sich an die bereits im Betrieb tätigen Arbeitnehmer richten. Es ist dabei unerheblich, ob diese Fragebögen in Papier- oder in digitaler Form eingesetzt werden (z. B. bei Onlinemitarbeiterbefragungen). Der Arbeitgeber kann frei darüber entscheiden, ob er Personalfragebögen verwendet oder nicht. Ebenso frei kann der Arbeitgeber entscheiden, die Personalfragebögen wieder abzuschaffen. Das Mitbestimmungsrecht des Betriebsrats bezieht sich allein auf den **Inhalt der Personalfragebögen.** Der Betriebsrat kann auch selbst die Einführung von Personalfragebögen nach § 92 Abs. 2 BetrVG vorschlagen. Können sich Arbeitgeber und Betriebsrat nicht auf den Inhalt eines Personalfragebogens verständigen, entscheidet nach § 94 Abs. 1 S. 2 BetrVG die Einigungsstelle.

> **Wichtig** Verwendet der Arbeitgeber ohne Zustimmung des Betriebs-rats einen Personalfragebogen, ist die Datenerhebung mit diesem Fragebogen unzulässig. Der Betriebsrat kann einen Anspruch auf Unterlassung der Verwendung des Fragebogens haben. Berücksichtigen Sie jedoch die jüngere Rechtsprechung des BAG[2], wonach eine freiwillige und anonyme Mitarbeiterbefragung im Einzelfall mitbestimmungsfrei sein kann.

Nach § 95 Abs. 1 BetrVG bedürfen Richtlinien über die **personelle Auswahl** bei:

- Einstellungen,
- Versetzungen,
- Umgruppierungen und
- Kündigungen

der Zustimmung des Betriebsrats.

---

[2]BAG v. 21.11.2017- 1 ABR 47/16.

Auswahlrichtlinien im Sinne von § 95 Abs. 1 BetrVG sind Regeln, die der Arbeitgeber seinen Personalentscheidungen zugrunde legt. Es geht dabei um Grundsätze darüber, welche fachlichen, persönlichen und sozialen Gesichtspunkte bei Personalentscheidungen berücksichtigt oder nicht berücksichtigt werden sollen, beispielsweise ein Punkteschema für die soziale Auswahl bei Kündigungen oder die Einführung eines Assessment-Centers.

Verstößt der Arbeitgeber gegen eine Auswahlrichtlinie, kann der Betriebsrat die Zustimmung zur personellen Einzelmaßnahme verweigern nach § 99 Abs. 2 Nr. 2 BetrVG bei Einstellungen, Versetzungen und Umgruppierungen und bei Kündigungen nach § 102 Abs. 3 Nr. 2 BetrVG widersprechen. Missachtet der Arbeitgeber das Erfordernis der Zustimmung des Betriebsrats nach § 95 Abs. 1 S. 1 BetrVG, steht dem Betriebsrat ein Unterlassungsanspruch zu. Daneben kann ein Verfahren nach § 23 Abs. 3 BetrVG in Betracht kommen.

6.3.1 Personelle Einzelmaßnahmen, § 99 BetrVG

Unter personelle Einzelmaßnahmen fallen: Einstellung, Versetzung, Vertragsverlängerungen, Umgruppierungen, Neueingruppierungen, Umstellung von Teilzeit auf Vollzeit etc. Der Arbeitgeber hat den Betriebsrat dann vor jeder Einstellung, Eingruppierung, Umgruppierung oder Versetzung zu unterrichten und die Zustimmung des Betriebsrates einzuholen.

Hier geschehen leider häufig Fehler, die unnötig den Betriebsfrieden stören, denn wurde der Betriebsrat nicht informiert, kann dieser von seinem Zustimmungsverweigerungsrecht Gebrauch machen. Soweit keine Einigung mit dem Betriebsrat zustande kommt, muss der Arbeitgeber vor dem Arbeitsgericht klagen, z. B. auf vorläufige Einstellung des Arbeitnehmers und Ersetzung der Zustimmung des Betriebsrates durch das Arbeitsgericht.

Hinweis § 99 BetrVG gilt auch für den Einsatz von Leiharbeitnehmern[3].

6.3.2 Vorherige Anhörung bei Kündigungen

Für das Erfordernis der Anhörung des Betriebsrats kommt es nicht auf die Anzahl der in dem Betrieb beschäftigten Arbeitnehmer an und auch nicht darauf, ob das

---

[3]BAG v. 09.03.2011, 7 ABR 137/09; Fitting, § 99 BetrVG, Rn. 245.

Kündigungsschutzgesetz Anwendung findet. § 102 BetrVG gilt auch im Kleinbetrieb (§ 23 BetrVG) und bei Nichtanwendbarkeit des Kündigungsschutz-
gesetzes (§ 1 KSchG).

Der Betriebsrat ist gem. § 102 BetrVG **vor jeder** Kündigung (außerordentliche,
ordentliche, verhaltensbedingte, personenbedingte, betriebsbedingte, Änderungs-/
Probezeitkündigung etc.) zu hören, also immer, wenn irgendwie das Wort Kündigung vorkommt, ist ein Anhörungsrecht des Betriebsrates ausgelöst. Der in der
Praxis häufig verbreitete Irrtum, dass bei einer Probezeitkündigung keine vorherige
Anhörung des Betriebsrates notwendig sei, geht fehl, denn auch bei einer Probezeitkündigung ist diese Formalie die Wirksamkeitsvoraussetzung einer Kündigung,
auch, wenn der Arbeitgeber während der Probezeit ohne Grund kündigen kann und
noch kein Kündigungsschutzgesetz greift (sog. Wartezeit – sechs Monate, vgl. § 1
KSchG).

▶ **Achtung** Eine Betriebsratsanhörung ist **nicht nachholbar,** d. h., die Kündigung muss nochmals nach Ablauf der Anhörungsfrist ausgesprochen
werden. Das kann dazu führen, dass die Probezeit abgelaufen ist und der
betreffende Arbeitnehmer nicht mehr ohne Grund gekündigt werden
darf, das KSchG nun auf ihn Anwendung findet.

Im Rahmen der Anhörung des Betriebsrats nach § 102 Abs. 1 BetrVG muss der
Arbeitgeber den Betriebsrat **umfassend** über die beabsichtigte Kündigung unterrichten. Der Betriebsrat soll durch die Unterrichtung durch den Arbeitgeber zum
einen in die Lage versetzt werden, sich selbst Gedanken über die Kündigung zu
machen und diese dem Arbeitgeber mitzuteilen. Zum anderen soll dem Betriebsrat durch die Unterrichtung ermöglicht werden, das Vorliegen von Widerspruchs-
gründen nach § 102 Abs. 3 BetrVG zu prüfen.

Der Arbeitgeber muss den Betriebsrat zunächst über die Person des zu kündigenden Arbeitnehmers informieren: Vor- und Nachname, Sozialdaten: Alter, Familienstand, Zahl der Kinder, Dauer der Betriebszugehörigkeit; Umstände, aus denen sich
ein besonderer Kündigungsschutz ergeben kann (z. B. Schwerbehinderung).

Der Arbeitgeber muss nähere Angaben zu Art und Zeitpunkt der
beabsichtigten Kündigung machen. (Art der auszusprechenden Kündigung
(ordentliche/außerordentliche Kündigung, Änderungskündigung), Kündigungsfrist, Kündigungstermin, Kündigungsgrund, § 102 Abs. 1 S. 2 BetrVG verpflichtet den Arbeitgeber ausdrücklich dazu, dem Betriebsrat die Gründe für die
Kündigung mitzuteilen.).

▷ **Wichtig**
Bei der Mitteilung der Kündigungsgründe gilt der sogenannte Grundsatz der „**subjektiven Determination**". D. h., der Arbeitgeber muss dem Betriebsrat nur die Gründe mitteilen, die aus seiner subjektiven Sicht die Kündigung rechtfertigen und für seinen Kündigungsentschluss maßgebend sind.
Problematisch wird es, wenn der Kündigende zunächst einen Grund für die Kündigung angibt und diesen später im Prozess durch andere Gründe ergänzt oder ersetzt (**Nachschieben von Kündigungsgründen**). Abzugrenzen hiervon ist eine Konkretisierung des Kündigungsgrundes, dies ist jederzeit möglich[4]. Eine Konkretisierung liegt vor, wenn neue Tatsachen den Kündigungssachverhalt nicht wesentlich verändern. Ein Nachschieben von Kündigungsgründen ist i. d. R. bereits mangels Anhörung (§ 102 BetrVG) des Betriebsrates unwirksam.

Der Betriebsrat kann einer beabsichtigten Kündigung **widersprechen** oder Bedenken bei ordentlicher bzw. außerordentlicher Kündigung äußern. Diese Bedenken muss der Betriebsrat **schriftlich innerhalb einer Woche** begründen, § 102 Abs. 2 S. 3 BetrVG. Kündigt der Arbeitgeber dennoch, so hat er der Kündigung eine Stellungnahme des Betriebsrates beizulegen, § 102 Abs. 4 BetrVG. Klagt der Arbeitnehmer dann gegen die Kündigung, hat er einen Weiterbeschäftigungsanspruch nach § 102 Abs. 5 BetrVG.

6.3.3 Folgen fehlerhafter bzw. unterbliebener Anhörung

Eine falsche oder fehlende Betriebsratsanhörung hat Konsequenzen für die Kündigung. Die ordnungsgemäße Durchführung des Anhörungsverfahrens ist Voraussetzung für die Wirksamkeit der ausgesprochenen Kündigung. Bei nicht durchgeführter oder mangelhafter Betriebsratsanhörung ist die Kündigung in der Regel unwirksam. Hat der Arbeitgeber den Betriebsrat überhaupt nicht angehört, ist die dennoch ausgesprochene Kündigung ohne weiteres unwirksam. Die Anhörung kann nicht nachgeholt werden und die Kündigung „heilen", auch nicht,

---

[4]BAG v. 18.12.1980 – 2 AZR 1006/78.

wenn der Betriebsrat der Kündigung nachträglich zustimmt. Ist der Betriebsrat vom Arbeitgeber nicht ausreichend über die ausgesprochene Kündigung unterrichtet worden, weil beispielsweise der Arbeitgeber unvollständige Angaben zu dem zu kündigenden Arbeitnehmer oder zu Art und Zeitpunkt der Kündigung gemacht hat, ist die Kündigung in der Regel ebenfalls unwirksam. Grundsätzlich ist eine Kündigung auch unwirksam, wenn der Arbeitgeber unvollständige Angaben zum Kündigungsgrund gemacht hat. Die Kündigung ist bei unvollständigen Angaben zum Kündigungsgrund allerdings nicht unwirksam, wenn bereits der mitgeteilte Sachverhalt für sich allein die Kündigung rechtfertigt.

Beispiel
Der Arbeitgeber kündigt dem Arbeitnehmer wegen Diebstahls und regelmäßigen Zuspätkommens. Der Arbeitgeber teilt dem Betriebsrat zur Anhörung jedoch nur den Grund des Diebstahls vor der Kündigung mit.

Eine Kündigung ist auch dann wegen fehlerhafter Betriebsratsanhörung unwirksam, wenn der Arbeitgeber die Kündigung bereits zu einem Zeitpunkt ausspricht, in dem die Anhörungsfrist des Betriebsrats zur Stellungnahme (§ 102 Abs. 2 S. 1 BetrVG) noch nicht abgelaufen war. Beachten Sie die Anhörungsfrist ebenso bei Probezeit- oder fristlosen Kündigungen.

▶ **Achtung** Soweit eine Person, die von § 15 KSchG, 103 BetrVG erfasst wird, gekündigt wird, ist der Betriebsrat nicht nur anzuhören, sondern der BR hat nach § 103 BetrVG zuzustimmen. Eine Zustimmung kann auf Antrag durch das Arbeitsgericht ersetzt werden.

Anmerkung Besonders folgenreich sind eine unterbliebene Unterrichtung und Anhörung des Betriebsrates im Rahmen der Konsultationsverfahren bei Massenentlassungen i. S. v. § 17 Abs. 2, 3 KSchG. Dies führt zur Unwirksam aller ausgesprochenen Kündigungen. Gleichzeitig mit der Unterrichtung des Betriebsrates hat der Arbeitgeber der Agentur für Arbeit eine Abschrift seiner Mitteilung an den Betriebsrat zukommen zu lassen (Massenentlassungsanzeige). Die Anhörung des Betriebsrates nach § 102 BetrVG bleibt daneben bestehen.

Checkliste Betriebsratsanhörung vor Kündigungen

Eine Kündigungsentscheidung ist getroffen

- Ist ein Arbeitnehmer betroffen (§ 5 ArbGG, § 5 BetrVG, § 14 KSchG, § 611a BGB)?
- Bei mehreren Betrieben ist zu klären, welcher Betriebsrat anzuhören ist.
- Klären, welche Art der Kündigung vorliegt. Prüfen Sie, ob ggf. weitere Formalia vor Übergabe der Kündigung notwendig sind, z. B. bei Verdachtskündigung eine vorherige Anhörung des Betroffenen, Kündigung von Schwerbehinderten/Gleichgestellten eine vorherige Zustimmung des Integrationsamtes (§ 170 Abs. 1 SGB IX), Beteiligung der SBV (§ 179 Abs. 2 SGB IX), Schwangeren vorherige Zustimmung der obersten Landesbehörde (§ 17 Abs. 2 MuSchG) etc.

Einleitung des Anhörungsverfahrens nach § 102 BetrVG

- Der Arbeitgeber informiert den Betriebsrat über seine Kündigungsabsicht und teilt ihm die
  - Person des Arbeitnehmers,
  - Art der Kündigung (ordentliche, außerordentliche),
  - Kündigungsfrist und den -termin mit und
  - beschreibt den konkreten Kündigungssachverhalt sowie
  - ggf. einen Sonderkündigungsschutz des Arbeitnehmers.
- Für die Angabe von Kündigungsgründen (verhaltensbedingt, personenbedingt, betriebsbedingt) im Rahmen der Betriebsratsanhörung gilt der Grundsatz der sogenannten subjektiven Determinierung
- Leidet das Anhörungsverfahren bereits in dieser Phase unter Mängeln, ist die Anhörung regelmäßig nicht ordnungsgemäß und die nachfolgende Kündigung deshalb unwirksam.
- Die Anhörung des Betriebsrates sollte schriftlich erfolgen, damit im Streitfall eine ordentliche Anhörung nachgewiesen werden kann (dann sollte diese aber auch sorgfältig und richtig dokumentiert sein).

Anhörung/Frist Betriebsrat

Der Betriebsrat hat über die Mitteilung des Arbeitgebers zu beraten und soll – falls erforderlich – den betroffenen Arbeitnehmer hören, bevor er seine Stellungnahme abgibt. Der Betriebsrat kann dann entweder der geplanten Kündigung zustimmen, Bedenken dagegen äußern, ihr widersprechen oder einfach schweigen.

Besonderer Kündigungsschutz nach § 15 KSchG, § 103 BetrVG
Achtung bei Arbeitnehmern mit besonderem Kündigungsschutz! Nach § 15
KSchG, § 103 BetrVG reicht eine Anhörung des Betriebsrates nicht aus.
Seine Zustimmung wird benötigt bzw. die Ersetzung der Zustimmung durch
das Arbeitsgericht – gerade bei außerordentlichen Kündigungen gerät hier
das Verfahren sehr oft unter Zeitdruck. Achtung: bei § 103 BetrVG gilt ein
Schweigen nicht als Zustimmung!

Fertigung/Übergabe der Kündigung

- Eine arbeitsrechtliche Kündigung in Deutschland ist schriftlich zu erteilen,
  §§ 623, 126 BGB. Ggf. muss der Kündigungsgrund aufgenommen werden
  (z. B. Auszubildende, § 22 BBiG; Schwangere, § 17 Abs. 2 MuSchG).
- Soweit nicht der Kündigungsberechtigte selbst die Kündigung unterschreibt,
  muss eine Originalvollmacht des Kündigungsberechtigten beigelegt werden.
- Achten Sie auf einen wirksamen Zugang der Kündigung (z. B. persön-
  liche Übergabe im Betrieb mit Zeugen; oder via Boten, der den Inhalt
  des Schreibens bezeugen kann).
- Denken Sie auch daran mit dem Boten – eine Vertraulichkeitserklärung
  abzuschließen.

Diese Checkliste ist nicht abschließend, sondern dient nur der Orientierung.

6.4   Wirtschaftliche Angelegenheiten

In wirtschaftlichen Angelegenheiten wie z. B. einer Betriebsänderung (§ 111
BetrVG) ist der Betriebsrat zu beteiligen. Die Beteiligung des Betriebsrates ist
von der Unternehmensgröße (nicht der des Betriebes!) abhängig. In Unternehmen
mit in der Regel mehr als 20 wahlberechtigten Arbeitnehmern ist der Versuch
zu unternehmen, mit dem Betriebsrat über die konkrete Betriebsänderung einen
Interessenausgleich zu verhandeln und herbeizuführen. Weitere Voraussetzung ist
das Vorliegen einer Betriebsänderung i. S. d. § 111 S. 3 BetrVG.
    Als **Betrieb** wird grds. im Betriebsverfassungsrecht eine organisatorische Ein-
heit betrachtet. Ein **Unternehmen** setzt einen einheitlichen Rechtsträger voraus.
Ein **Konzern** liegt nach § 18 AktG vor, wenn ein herrschendes und ein oder mehrere abhängige Unternehmen unter der einheitlichen Leitung des herrschenden
Unternehmens zusammengefasst sind.

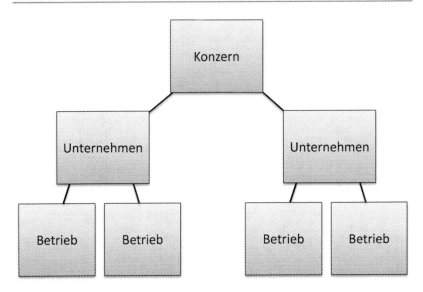

Abb. 6.1 Begriffe Betrieb – Unternehmen – Konzern

Eine schematische Übersicht über die Begriffe erhalten Sie in Abb. 6.1. Ein Betrieb ist zusammenfassend gesagt eine organisatorische Einheit. Ein Unternehmen ist regelmäßig die rechtliche Form (z. B. GmbH) mehrere Betriebe können einem Unternehmen zugeordnet werden. Mehrere Unternehmen können einem Konzern angehören. In jedem Betrieb kann soweit die Voraussetzungen vorliegen ein Betriebsrat und eine JAV gewählt werden. Der Wirtschaftsausschuss ist unternehmensbezogen, d. h. es gibt für ein Unternehmen nur einen Wirtschaftsausschuss, die Anzahl der erforderlichen Arbeitnehmer werden aus mehreren Betrieben des Unternehmens zusammengezählt.

Anmerkung Bei kleineren Betrieben/Unternehmen stehen dem Betriebsrat Beteiligungsrechte nach z. B. § 80 Abs. 1, 2, § 92, § 92a BetrVG zu.

Seit 25.05.2018 findet in den EU-Mitgliedsstaaten die Datenschutzgrundverordnung (DSGVO) Anwendung, diese hat die EU-Datenschutzrichtlinie abgelöst. Gleichzeitig ist das BDSG a. F. vom BDSG n. F. abgelöst worden. Beim Datenschutz geht es um den Schutz von personenbezogenen Daten (vgl. Art. 1 DSGVO, § 1 BDSG n. F.). Der Betriebsrat spielt eine tragende Rolle beim Beschäftigtendatenschutz.

Beispiel für Personenbezogene Daten: Zeugnisse, Personalnummer, Name, Geburtsdatum, Lebenslauf, Alter, Familienstand.

Einige Daten sind sogar besonders schützenswert, da diese unter eine **besondere Kategorie von personenbezogenen Daten nach Art. 9 DSGVO** fallen. Hierunter fallen beispielsweise folgende Daten: Gewerkschaftszugehörigkeit, Krankendaten, Daten aus dem betrieblichen Eingliederungsmanagement (BEM, vgl. § 167 Abs. 2 SGB IX). Zusammenfassend lässt sich festhalten besonders schützenswert sind die großen „G": Glaube, Gesundheit und Gewerkschaft.

7.1   Allgemeine Aufgabe nach § 80 BetrVG

Bereits im Rahmen der allgemeinen Aufgaben nach § 80 BetrVG hat der Betriebsrat darüber zu wachen, dass die Gesetze im Betrieb eingehalten werden. Hierunter fallen auch die DSGVO und das BDSG.

© Springer Fachmedien Wiesbaden GmbH, ein Teil von Springer Nature 2019
M. Dimartino, *Kollektives Arbeitsrecht,* essentials,
https://doi.org/10.1007/978-3-658-24558-0_7

7.2   Mitbestimmung nach § 87 Abs. 1 Nr. 6 BetrVG

Eine obligatorische Mitbestimmung besteht weiter nach Maßgabe von § 87 Abs. 1 Nr. 6 BetrVG. Diese Bestimmung greift ein soweit ein technisches Mittel bereits objektiv dazu geeignet ist Mitarbeiter und Arbeitsverhalten zu überwachen hierzu fällt z. B. die Einführung von neuer Software, neuer Maschinen, Zeiterfassungssystemen, Videoüberwachungssysteme etc.

▶ **Wichtig** Der Betriebsrat ist kein „Dritter" im Sinne der Datenschutzbestimmungen.

7.3   Betriebsvereinbarungen

Die DSGVO lässt in Art. 88 Abs. 1 DSGVO ausdrücklich Kollektivvereinbarungen als Regelungsgrundlage zu. Unter Kollektivvereinbarungen fallen Tarifverträge und Betriebsvereinbarungen. Eine Betriebsvereinbarung soll den Schutzes und die Rechte sowie die Freiheiten von personenbezogenen Beschäftigtendaten im Beschäftigungskontext im Rahmen einer zulässigen Verarbeitung sicherstellen.

Betriebsvereinbarungen eignen sich z. B. in Form von Rahmenvereinbarungen zur Regelung von personenbezogenen Beschäftigtendaten. Hier muss ausdrücklich auf die Rechte der Betroffenen Beschäftigten eingegangen werden. Insbesondere sollten Art. 12 bis 19, 21 DSGVO benannt werden, um dem Transparenzgebot der DSGVO zu genügen.

* Informationspflicht bei Erhebung von Daten
* Auskunftsrechte von Betroffenen
* Recht auf Berichtigung, Löschung und Sperrung und die damit verbundenen Mitteilungspflichten
* Recht auf Datenübertragbarkeit
* Widerspruchsrecht
* Betroffenenrechte bei Profiling

Betriebsvereinbarung 8

Eine Betriebsvereinbarung (s. Abb. 8.1) ist eine Vereinbarung zwischen Arbeitgeber und Betriebsrat. Sie muss schriftlich vereinbart werden und hat normative (ein Gesetz wird auch Norm genannt) und zwingende Wirkung, vgl. § 77 BetrVG. Normativ bedeutet, dass die Betriebsvereinbarung wie ein „Gesetz des Betriebes" wirkt, da sich jeder Arbeitnehmer i. S. v. § 5 BetrVG hierauf berufen darf, ohne dass dieser mitverhandelt oder unterschrieben hat.

Es wird unterschieden zwischen obligatorischen, „erzwingbaren" Betriebsvereinbarungen (§ 77 BetrVG) und freiwilligen Betriebsvereinbarungen (§ 88 BetrVG). Typische Themen für obligatorische Betriebsvereinbarungen sind: Arbeitszeit, Überstunden, Gleitzeit, Arbeitszeitkorridor etc. Darüber hinaus dürfen die Betriebsparteien auch freiwillige Betriebsvereinbarungen abschließen. Typische Themen für freiwillige Betriebsvereinbarungen sind: Ablauf eines betrieblichen Eingliederungsmanagements, Vorgehensweise bei Mobbingvorwürfen, zusätzliche Maßnahmen zur Gesundheitsprävention und Unfallverhütung.

Abgrenzung zur Regelungsabrede

Eine Regelungsabrede (auch Regelungsabsprache) ist eine rein schuldrechtliche Vereinbarung (normaler Vertrag) zwischen Arbeitgeber und Betriebsrat. Die Regelungsabrede kann grundsätzlich formfrei geschlossen werden. Es ist jedoch aus Beweisgründen sinnvoll, die Vereinbarung schriftlich festzuhalten. Eine Regelungsabrede entfaltet keine normative Wirkung, d. h., der einzelne Arbeitnehmer kann sich nicht auf diese Regelungsvereinbarung berufen. Der Betriebsrat, der immer als Gremium handelt, muss zuvor einen wirksamen Beschluss fassen.

Regelungsabreden dienen der vorübergehenden, schnellen Regelung von Sachverhalten, die z. B. besonders eilbedürftig sind, und wenn es keine ausreichende Verhandlungszeit wie für eine Betriebsvereinbarung gibt, aber dennoch eine verbindliche Regelung getroffen werden soll.

© Springer Fachmedien Wiesbaden GmbH, ein Teil von Springer Nature 2019
M. Dimartino, *Kollektives Arbeitsrecht*, essentials,
https://doi.org/10.1007/978-3-658-24558-0_8

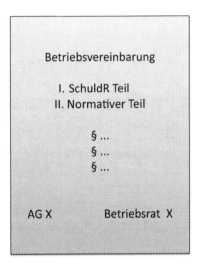

Abb. 8.1 Betriebsvereinbarung

Typische Sachverhalte von Regelungsvereinbarungen sind beispielsweise Urlaubsgewährungen und vorübergehende Regelungen für Überstunden.

Jugend- und Auszubildendenvertretung

9

Soweit ein **Betriebsrat im Betrieb** besteht, darf eine Jugend- und Auszubildenden-vertretung (JAV) gebildet werden, soweit die weiteren Voraussetzungen erfüllt sind: Die Voraussetzungen zur Bildung einer JAV sind in § 60 Abs. 1 BetrVG geregelt. Hier kann in Betrieben mit **in der Regel mindestens fünf Arbeitnehmern**, die das 18. Lebensjahr noch nicht vollendet haben (jugendliche Arbeitnehmer) oder die zu ihrer Berufsausbildung beschäftigt sind und das 25. Lebensjahr noch nicht vollendet haben, eine Jugend- und Auszubildendenvertretungen gewählt werden. Die regelmäßigen Wahlen der Jugend- und Auszubildendenvertretung finden alle zwei Jahre in der Zeit vom 1. Oktober bis 30. November statt, vgl. § 64 BetrVG.

Aufgaben der JAV

In Zusammenarbeit mit dem BR dient die JAV der Überwachung der Einhaltung der besonderen Schutzvorschriften für jugendliche Arbeitnehmer und Auszubildende. Die JAV verhandelt nicht direkt mit dem Arbeitgeber, sondern macht ihre Anliegen über den BR geltend (daher kann auch keine JAV ohne BR gebildet werden). Die allgemeinen Aufgaben sind in § 70 BetrVG geregelt. Die JAV kann eine JAV-Versammlung vor oder nach jeder Betriebsversammlung im Einvernehmen mit dem BR einberufen, § 71 BetrVG.

Teilnahme an BR Sitzungen

Die JAV kann zu allen BR-Sitzungen **einen** Vertreter entsenden (vgl. § 67 Abs. 1 BetrVG. Die **gesamte** JAV hat bei Themen, die besondere in § 60 Abs. 1 BetrVG genannte Arbeitnehmer betreffen, ein Teilnahmerecht. Soweit die JAV ein besonderes Teilnahmerecht hat (es also um Themen geht, die jugendliche Arbeitnehmer oder Auszubildende betreffen) haben die JAV-Mitglieder auch ein Stimmrecht.

© Springer Fachmedien Wiesbaden GmbH, ein Teil von Springer Nature 2019
M. Dimartino, *Kollektives Arbeitsrecht*, essentials,
https://doi.org/10.1007/978-3-658-24558-0_9

Besonderer Kündigungsschutz
JAV-Mitglieder haben einen besonderer Kündigungsschutz, § 15 KSchG, § 103 BetrVG.

Schulungsanspruch
Die JAV Mitglieder haben einen eigenen Schulungsanspruch. Dies kommt i. d. R. den Auszubildenden und dem Arbeitgeber zugute, da die JAV-Mitglieder aktiv in ihren Rechten und Pflichten neben der Schule und der Betriebsstätte geschult werden. Die JAV transportiert diese Informationen auch in die Gruppe der Auszubildenden und jugendlichen Arbeitnehmer. Gerade im Bereich Social-Media-Nutzung kann die JAV zur Weitergabe von Informationen und Regeln sehr gut eingebunden werden, z. B. in der Erstellung und Kommunikation einfacher Verhaltensregeln für on- und offline.

Weiterbeschäftigungsanspruch, § 78a BetrVG
Ein Mitglied der JAV hat einen gesetzlichen Übernahmeanspruch. Dieser ergibt sich aus § 78a BetrVG. Dieser Anspruch entsteht jedoch nicht automatisch, das JAV-Mitglied muss den Antrag zunächst form- und fristgerecht, d. h., schriftlich (§ 126 BGB) binnen 3 Monaten vor Ende der Ausbildung gegenüber dem Arbeitgeber geltend machen.

▶ **Wichtig** Der Arbeitgeber hat nur die Möglichkeit, ein entsprechendes unbefristetes Arbeitsverhältnis zu verhindern, wenn er binnen zwei Wochen nach Beendigung der Ausbildung einen entsprechenden Antrag beim Arbeitsgericht stellt, z. B., wenn dem AG eine Weiterbeschäftigung nicht zugemutet werden kann, vgl. § 78a Abs. 4 BetrVG.

Checkliste: Weiterbeschäftigungsanspruch JAV
- Antragsteller ist Mitglied der JAV
- Schriftliche Antragstellung auf Weiterbeschäftigung (Papier, unterschrieben, § 126 BGB)
- Innerhalb der letzten 3 Monate vor Beendigung des Ausbildungsverhältnisses (nicht früher oder später zulässig). Rechtzeitigen Zugang muss der Antragsteller beweisen.
- Rechtsfolge: Anspruch auf Übernahme in ein unbefristetes Vollzeitarbeitsverhältnis
- Arbeitgeber kann binnen 2 Wochen nach Beendigung des Berufsausbildungsverhältnisses beim Arbeitsgericht beantragen, dass Weiterbeschäftigung nicht begründet ist bzw. unzumutbar ist.

Schwerbehindertenvertretung (SBV) 10

Die Schwerbehindertenvertretung ist die gewählte Interessenvertretung der schwerbehinderten (GdB 50) und gleichgestellten Beschäftigten im Betrieb (GdB 30 mit Gleichstellung). Im SGB IX wird sie auch als Vertrauensperson bezeichnet. Die Personen, die sich zur SGB Wahl aufstellen müssen selbst keine Schwerbehinderung/Gleichstellung haben.

In Betrieben/Dienststellen, in denen wenigstens fünf schwerbehinderte bzw. gleichgestellte Menschen nicht nur vorübergehend beschäftigt werden, ist neben der Schwerbehindertenvertretung (Vertrauensperson) wenigstens ein stellvertretendes Mitglied zu wählen. Wählen dürfen nur Personen mit Schwerbehinderung/Gleichstellung (§ 177 Abs. 2 SGB IX). Wer als schwerbehindert bzw. gleichgestellt gilt ist in § 2 SGB IX geregelt.

Aufgaben der SBV

Aufgabe der Vertrauensperson ist es, die Teilhabe schwerbehinderter Menschen am Arbeitsleben im Betrieb oder in der Dienststelle zu fördern sowie schwerbehinderten Menschen helfend und beratend zur Seite zu stehen (vgl. § 178 SGB IX).

Pflichten des Arbeitgebers

Der Arbeitgeber ist zunächst verpflichtet zu prüfen, ob freie Arbeitsplätze mit schwerbehinderten Menschen – insbesondere mit bei der Agentur für Arbeit gemeldeten arbeitslosen schwerbehinderten Menschen – besetzt werden können (§ 167 Abs. 1 SGB IX). Bei dieser Prüfung sind die Schwerbehindertenvertretung und die Beschäftigtenvertretungen zu hören. Soweit Vermittlungsvorschläge durch die Agentur für Arbeit oder einen Integrationsfachdienst oder unaufgefordert eingesandte Bewerbungen schwerbehinderter Menschen vorliegen, muss der Arbeitgeber die Schwerbehindertenvertretung darüber unmittelbar nach Eingang unterrichten. Dies gilt auch für den Betriebsrat/Personalrat sowie den

© Springer Fachmedien Wiesbaden GmbH, ein Teil von Springer Nature 2019
M. Dimartino, *Kollektives Arbeitsrecht*, essentials,
https://doi.org/10.1007/978-3-658-24558-0_10

Beauftragten des Arbeitgebers. Der Arbeitgeber muss Bewerbungen von schwer-behinderten Menschen mit der Schwerbehindertenvertretung erörtern und ihre Stellungnahme dem Betriebsrat/Personalrat mitteilen.

In allen Angelegenheiten, die einen Einzelnen oder die schwerbehinderten Menschen als Gruppe berühren, muss der Arbeitgeber die Schwerbehindertenver-tretung rechtzeitig und umfassend unterrichten, vor einer Entscheidung anhören und die getroffene Entscheidung unverzüglich mitteilen (§ 168 SGB IX).

▶ **Wichtig** Öffentliche Arbeitgeber treffen besondere Pflichten bei der Bewerbung von Schwerbehinderten, vgl. § 165 SGB IX.

Teilnahme an BR Sitzungen/Versammlungen

Die Schwerbehindertenvertretung hat das Recht, an allen Sitzungen des Betriebs-rats oder des Personalrats und deren Ausschüssen sowie des Arbeitsschutzaus-schusses beratend teilzunehmen. Die Schwerbehindertenvertretung hat das Recht, einmal im Kalenderjahr und bei Bedarf auch wiederholt eine Versammlung schwerbehinderter Menschen im Betrieb oder in der Dienststelle durchzuführen.

Besonderer Kündigungsschutz

Die Mitglieder der Schwerbehindertenvertretung genießen wie Betriebsrats-mitglieder besonderen Kündigungsschutz gem. § 178 Abs. 3 SGB IX i. V. m. § 15 KSchG, § 103 BetrVG.

Beteiligungen bei Kündigungen

Bei beabsichtigten Kündigungen von Schwerbehinderten/Gleichgestellten sind vor Aussprache/Übergabe der Kündigung die vorherige Zustimmung des Integrationsamtes, die vorherige Anhörung der Schwerbehindertenvertretung (§ 178 Abs. 2 S. 3 SGB IX) und die vorherige Anhörung des Betriebsrates (§ 102 BetrVG) einzuholen.

Anmerkung Einige Gerichte (LAG Chemnitz, v. 08.06.2018 – 5 Sa458/17; ArbG Hagen v. 06.03.2018 – 5 Ca 1902/17; ArbG Leipzig v. 17.08.2017 – 8 Ca 1122/17) vertreten – entgegen der Position des Integrationsamtes (Positions-papier 2017) – die Auffassung, dass die SBV-Anhörung zwingend vor Stellung des Antrages auf Zustimmung des Integrationsamtes zu erfolgen hat. Das BAG v. 13.12.2018 (2 AZR 378/18) hat klargestellt, dass eine Kündigung eines Schwer-behinderten ohne Anhörung der SBV unwirksam ist. Die Anhörung der SBV richtet sich nach den Grundsätzen der BR Anhörung (§102 BetrVG). Eine Kündi-gung ist nicht allein deshalb unwirksam, weil der AG die SBV nicht unverzüglich über seine Kündigungsabsicht unterrichtet.

Wirtschaftsausschuss

11

Der Wirtschaftsausschuss (WA) ist ein Hilfsorgan des Betriebsrats. Der WA ist vom **Unternehmer** über wirtschaftliche Angelegenheiten zu unterrichten. Der WA hat diese mit dem Unternehmer zu beraten und den Betriebsrat darüber zu informieren. Die Bildung eines WA ist nicht betriebs- sondern **unternehmensbezogen**. Das bedeutet: die notwendige Zahl zur Bildung eines Wirtschaftsausschusses hängt nicht von der Anzahl der Arbeitnehmer im Betrieb, sondern im Unternehmen ab.

Gesetzlicher Text

In § 106 BetrVG heißt es:
In **Unternehmen** mit in der Regel mehr als 100 ständig beschäftigten Arbeitnehmern ist ein Wirtschaftsausschuss zu bilden.

Die Regelung zur Beteiligung der Arbeitnehmervertretung in wirtschaftlichen Angelegenheiten finden sich in den §§ 106–110 BetrVG. Der Unternehmer muss den Wirtschaftsausschuss unaufgefordert rechtzeitig und umfassend unterrichten[1].

Aufgaben des Wirtschaftsausschusses
Die Aufgaben und Funktionen eine Wirtschaftsausschusses sind näher geregelt in §§ 106–109 BetrVG.

---

[1]Fitting, § 106 BetrVG, Rn. 29.

M. Dimartino, *Kollektives Arbeitsrecht*, essentials,
https://doi.org/10.1007/978-3-658-24558-0_11

45

Tendenzunternehmen/-betriebe
Ausnahmen gelten für sog. Tendenzunternehmen/-betriebe, § 118 Abs. 2
BetrVG. Hiernach finden die Vorschriften nach §§ 106 bis 110 BetrVG keine
Anwendung und die § 111 bis 1113 nur in so weit Anwendung wie die Eigen-
art des Unternehmens/Betriebes dem nicht entgegensteht. Nach § 118 Abs. 1 Nr.
1 und Nr. 2 BetrVG handelt es sich um Tendenzunternehmen/-betriebe, wenn
diese die unmittelbar und überwiegend politischen, koalitionspolitischen, kon-
fessionellen, karitativen, erzieherischen, wissenschaftlichen oder künstlerischen
Bestimmungen oder Zwecken der Berichterstattung, der Meinungsäußerung
sowie Pressefreiheit dienen, (Art. 5 Abs. 1 S. 2 GG).
   Beispiele für Tendenzunternehmen: Bildungsvereinigungen, Deutsches Rotes
Kreuz (ohne Blutspendedienst – BAG 22.05.2012 – 1 ABR 7/11), Deutsche Krebs-
hilfe, Forschungsinstitute (z. B. Max-Plank-Institute), Theater (BAG v. 13.07.2007 –
1 ABR 14/06), teilweise auch Verlage (nicht soweit eine tendenzneutrale Bestätigung
vorliegt, die nicht der Berichterstattung oder Meinungsäußerung dient).

Relativer Kündigungsschutz
Mitglieder des Wirtschaftsausschusses genießen aufgrund ihres Ehrenamtes
keinen besonderen Kündigungsschutz nach § 15 Abs. 3 KSchG, soweit diese
nicht ein weiteres Amt, z. B. als BR-Mitglied, innehaben. Allerdings besteht
ein **relativer Schutz** vor Kündigungen wegen der Tätigkeit im WA über das
Benachteiligungsverbot des § 78 S. 2 BetrVG.

12

Der Aufsichtsrat ist ein Kontrollgremium. Er wacht in größeren Kapitalgesellschaften (z. B. Aktiengesellschaften, GmbH, KGaA) über die Geschäftspolitik des Vorstandes. Er setzt sich aus gewählten Mitgliedern der Anteilseigner und bei großen Gesellschaften auch aus Beschäftigten zusammen. Die Größe und die Zusammensetzung des Aufsichtsrates sind in unterschiedlichen Gesetzen geregelt.

12.1   Rechtliche Regelungen

Die Mitbestimmung im Unternehmen in Deutschland ist ebenfalls ein äußerst komplexes Thema. Regelungen finden sich im Mitbestimmungsgesetz (1976), Montanmitbestimmungsgesetz (MontanMitbestG), Drittelbeteiligungsgesetz (DrittelbG) und Aktiengesetz (AktG).

Deutscher Corporate Governance Kodex
Der Deutsche Corporate Governance Kodex (DCGK) stellt wesentliche gesetzliche Vorschriften zur Leitung und Überwachung deutscher börsennotierter Gesellschaften dar. Er enthält Empfehlungen und Anregungen zu international und national anerkannten Standards guter und **verantwortungsvoller Unternehmensführung.** Der Kodex ist Ausdruck einer Selbstverpflichtung der Wirtschaft zu guter Corporate Governance. Eine Überprüfung findet nicht nur innerhalb der Kommission statt, sondern auch im Dialog mit den Unternehmen und ihren Aktionären, der Politik und der Öffentlichkeit. Instrumente hierzu sind öffentliche Konsultationsverfahren und die jährliche Corporate Governance Kodex Konferenz.

© Springer Fachmedien Wiesbaden GmbH, ein Teil von Springer Nature 2019
M. Dimartino, *Kollektives Arbeitsrecht,* essentials,
https://doi.org/10.1007/978-3-658-24558-0_12

▶▶ **Tipp** Website der Regierungskommission des DCGK: www.dcgk.de

12.2 Compliance

Der Begriff der Compliance bezeichnet „Regeltreue", d. h., die Einhaltung von Gesetzen, Verordnungen und internen Richtlinien sowie ethischen und moralischen Grundsätzen (ähnlich wie beim Begriff des „ehrbaren Kaufmanns").
Eine Verantwortlichkeit des Aufsichtsrats ergibt sich aus seiner Rolle innerhalb der dualistischen Corporate Governance (Trennung von Geschäftsführung und Kontrollorgan): Er ist für die Überwachung des Vorstands bzw. der Geschäftsführung bei dessen (eigenverantwortlicher) Leitung bzw. deren Führung der Unternehmensgeschäfte zuständig. Der Überwachungsmaßstab ist dabei die Rechtmäßigkeit, Ordnungsmäßigkeit und Zweckmäßigkeit der Geschäftsführung und wie der Vorstand ein gesetzmäßiges Verhalten im Unternehmen insgesamt sicherstellt.

12.3 Schulungen

Der Aufsichtsrat hat selbst dafür zu sorgen, dass er seine Aufgaben wahrnehmen kann. Für die Teilnahme an entsprechenden Seminaren ist wegen der Eigenverantwortlichkeit des Amtes kein Beschluss bzw. keine Zustimmung des Aufsichtsrats oder des Unternehmens erforderlich. Die Regelungen im BetrVG und zum Aufwendungsersatz für Arbeitnehmer werden hier regelmäßig entsprechend herangezogen.

Betriebsübergang 13

Bei einem Betriebsübergang gehen ein Betrieb oder Teile eines Betriebes von einem Inhaber (Veräußerer) auf einen neuen Inhaber (Erwerber) durch Rechtsgeschäft (z. B. Kaufvertrag, Pachtvertrag) über. Die ist in § 613 a BGB geregelt und sichert im Fall eines Betriebsüberganges den Fortbestand der Arbeitsverhältnisse sowie den arbeitsrechtlichen Besitzstand[1].

Ein Betriebs- oder Betriebsteilübergang setzt die Wahrung der Identität der betreffenden wirtschaftlichen Einheit voraus. Die **wirtschaftliche Einheit** besteht aus einer **organisatorischen Gesamtheit** von Personen und/oder Sachen zum Zwecke der auf Dauer angelegten Ausübung einer wirtschaftlichen Tätigkeit mit eigener Zielsetzung[2]. Ob ein im Wesentlichen unveränderter Fortbestand der organisierten Gesamtheit „Betrieb" unter Wahrung der Identität bei einem neuen Inhaber anzunehmen ist, richtet sich nach den Umständen des konkreten Falls. Als Aspekte der Gesamtwürdigung zählen insbesondere:

- die Art des betreffenden Betriebs,
- der Übergang materieller Betriebsmittel (z. B. Güter und Gebäude),
- der Wert immaterieller Aktiva im Zeitpunkt des Übergangs,
- die Übernahme der Hauptbelegschaft durch den neuen Inhaber (bzw. Übernahme von Leistungsträgern bzw. sog. Highperformern),
- der Übergang von Kundschaft und Lieferantenbeziehungen,

---

[1]Fitting, § 1, Rn. 117.
[2]EuGH v. 20.11.2003 Sodexho; BAG v. 07.04.2011 – 8 AZR 730/09; Erfk/Preis, § 613a BGB Rn. 5 ff.

© Springer Fachmedien Wiesbaden GmbH, ein Teil von Springer Nature 2019
M. Dimartino, *Kollektives Arbeitsrecht*, essentials,
https://doi.org/10.1007/978-3-658-24558-0_13

- der Grad der Ähnlichkeit zwischen den vor und nach dem Übergang verrichteten Tätigkeiten
- die Dauer einer Unterbrechung dieser Tätigkeit[3]

Anmerkung

Der Begriff des Betriebes ist nicht identisch mit dem betriebsverfassungsrechtlichen Betriebsbegriff. Es wird unterschieden zwischen produktionsmittelstarken (Maschinen) und produktionsmittelarmen Betrieben (keine Maschinen).

Gehen ein Betrieb oder Betriebsteil unter Wahrung der bisherigen Identität durch Rechtsgeschäft auf einen Betriebserwerber über, tritt dieser auch betriebsverfassungsrechtlich an die Stelle des früheren Betriebsinhabers[4]. Die Rechtsstellung des für den Betrieb gewählten Betriebsrats bleibt so lange unberührt, wie die Identität des Betriebs beim neuen Arbeitgeber fortbesteht. D. h., führt der Erwerber den Betrieb als solchen unverändert weiter, behält der beim Veräußerer gewählte Betriebsrat das Mandat zur Vertretung der Arbeitnehmerinteressen und zur Wahrnehmung betriebsverfassungsrechtlicher Aufgaben[5].

Die **unternehmerische Entscheidung** an sich, einen Betrieb auf einen andern Inhaber übergehen zu lassen, unterliegt nicht den Beteiligungsrechten des Betriebsrats. Der Betriebsrat ist nach dem Grundsatz der vertrauensvollen Zusammenarbeit rechtzeitig zu unterrichten. Veräußerer und Erwerber sind verpflichtet, den Wirtschaftsausschuss umfassend zu informieren (§ 106 Abs. 2, Abs. 3 Nr. 9a u. 10 BetrVG).

Der Arbeitgeber oder der neue Inhaber haben vom Übergang betroffenen Arbeitnehmer in Textform nach Maßgabe des § 613a BGB über den Betriebsübergang zur unterrichten über:

- den Zeitpunkt oder den geplanten Zeitpunkt des Übergangs,
- den Grund für den Übergang,
- die rechtlichen, wirtschaftlichen und sozialen Folgen des Übergangs für die Arbeitnehmer und
- die hinsichtlich der Arbeitnehmer in Aussicht genommenen Maßnahmen
- Widerspruchsrecht des Arbeitnehmers

---

[3]BAG v. 21.6.2012 – 8 AZR 181/11.
[4]BAG v. 8.12.2009, 1 ABR 66/08.
[5]BAG v. 28.9.1988 – 1 ABR 37/87.

▶▶ **Wichtig** Eine Kündigung aufgrund eines Betriebsüberganges nach § 613a Abs. 1 BGB ist nach § 613a Abs. 4 BGB ausgeschlossen. Kündigungen aus anderen Gründen (z. B. verhaltensbedingt) bleiben hiervon unberührt.

Interessenausgleich und Sozialplan

14

In den §§ 112, 122a BetrVG sind die Voraussetzungen für das Zustandekommen eines Interessenausgleichs und Sozialplans geregelt. Inhalt eines Interessenausgleiches ist die konkrete geplante Betriebsänderung. Anders als ein vorsorglicher (Rahmen-) Sozialplan kann ein Interessenausgleich nicht auf Vorrat vereinbart werden. Ein weiterer Unterschied ist die unterschiedliche Rechtsnatur. Bei einem Sozialplan handelt es sich grundsätzlich um eine Betriebsvereinbarung besonderer Art, d. h., die Grundsätze zur Betriebsvereinbarung sind entsprechend anzuwenden, dies ergibt sich aus § 112 Abs. 1 S. 3 BetrVG. Die Wirkung eines Interessenausgleichs ist nicht ausdrücklich gesetzlich geregelt. Es handelt sich hier um eine kollektivrechtliche Vereinbarung eigener Art[1].

Voraussetzungen:
- Bestehen eines Betriebsrates
- Mehr als 20 Arbeitnehmer im Unternehmen (Wichtig: Das BetrVG stellt hier auf das Unternehmen ab – nicht den Betrieb)
- Von Betriebsänderung betroffen

Anmerkung Die allgemeinen Aufgaben des Betriebsrates z. B. nach § 80 Abs. 1 Nr. 8 BetrVG „die Beschäftigung im Betrieb zu fördern und zu sichern" sowie das allgemein Informationsrecht des Betriebsrates nach § 80 Abs. 2 BetrVG greifen unabhängig von der Betriebsgröße/Mitarbeiteranzahl.

Ausnahme
Nach § 118 Abs. 1 S. 2 BetrVG finden die §§ 111 bis 113 BetrVG auf Tendenzunternehmen nur eingeschränkt Anwendung.

---

[1]Fitting, §§ 112, 112a Rn. 44.

© Springer Fachmedien Wiesbaden GmbH, ein Teil von Springer Nature 2019
M. Dimartino, *Kollektives Arbeitsrecht*, essentials,
https://doi.org/10.1007/978-3-658-24558-0_14

14.1 Betriebsänderung

Regelungen zur Betriebsänderung finden sich in §§ 111–113 BetrVG. Eine Betriebsänderung nach § 111 S. 1 BetrVG ist grds. jede Änderung der betrieblichen Organisation, Struktur, des Tätigkeitsbereichs, der Arbeitsweise, Fertigung, des Standorts etc., soweit diese wesentliche Nachteile für die Belegschaft oder erhebliche Teile der Belegschaft haben können.

Bei den in § 111 S. 3 BetrVG genannten Tatbeständen ist nicht extra zu prüfen, ob wesentliche Nachteile für die Belegschaft entstehen können. Wesentliche Nachteile werden beim Vorliegen der genannten Tatbeständen angenommen.

Der Betriebsrat ist rechtzeitig und umfassend zu unterrichten, er soll hierdurch in die Lage versetzt werden, auf die geplante Betriebsänderung Einfluss zu nehmen. D. h., der Unternehmer darf vor der Beratung mit dem Betriebsrat keine vollendeten Tatsachen schaffen. Die Unterrichtung ist nicht mehr rechtzeitig, wenn der Arbeitgeber bereits mit der Durchführung einer Betriebsänderung begonnen hat. Die Unterrichtung muss umfassend die Inhalte möglicher Maßnahmen und Auswirkungen auf die Belegschaft beschreiben und die Angabe eines Zeitplanes enthalten. Der Arbeitgeber hat sich bezüglich der Betriebsänderungen mit dem BR zu beraten.

Unterlässt der Arbeitgeber die Unterrichtung, Beratung sowie den Versuch eines Interessenausgleichs, können die betroffenen Arbeitnehmer ggf. einen Anspruch auf Nachteilsausgleich geltend machen nach §§ 113 Abs. 1, Abs. 3 BetrVG.

Der Betriebsrat kann einen Leistungsantrag im arbeitsgerichtlichen Beschlussverfahren verfolgen. Ggf. kommt auch ein einstweiliger Rechtsschutz nach § 938 ZPO in Betracht. Wurde die Unterrichtungspflicht nach § 111 BetrVG wahrheitswidrig, unvollständig oder verspätet erfüllt, handelt der Unternehmer ordnungswidrig nach § 121 Abs. 1 BetrVG.

§ 111 BetrVG Betriebsänderungen

In **Unternehmen** mit in der Regel **mehr als zwanzig** wahlberechtigten Arbeitnehmern hat der Unternehmer den Betriebsrat über geplante Betriebsänderungen, die wesentliche Nachteile für die Belegschaft oder erhebliche Teile der Belegschaft zur Folge haben **können**, rechtzeitig und umfassend zu unterrichten und die geplanten Betriebsänderungen mit dem Betriebsrat zu beraten. Der Betriebsrat kann in Unternehmen mit mehr als 300 Arbeitnehmern zu seiner Unterstützung einen Berater hinzuziehen; § 80 Abs. 4 gilt entsprechend; im Übrigen bleibt § 80 Abs. 3 unberührt. Als Betriebsänderungen im Sinne des Satzes 1 gelten:

1. Einschränkung und Stilllegung des ganzen Betriebs oder von wesentlichen Betriebsteilen,
2. Verlegung des ganzen Betriebs oder von wesentlichen Betriebsteilen,
3. Zusammenschluss mit anderen Betrieben oder die Spaltung von Betrieben,
4. grundlegende Änderungen der Betriebsorganisation, des Betriebszwecks oder der Betriebsanlagen,
5. Einführung grundlegend neuer Arbeitsmethoden und Fertigungsverfahren.

14.2 Interessenausgleich

Verhandlungen mit dem Arbeitgeber über einen Interessenausgleich sind nicht durch den Betriebsrat erzwingbar. Dennoch ist, gerade um einen „sozialverträglichen" Stellenabbau durchzuführen, der Interessenausgleich in Verbindung mit dem Sozialplan ein sinnvolles Instrument. Gegenstand des Interessenausgleiches ist die bevorstehende geplante Betriebsänderung. Der Interessenausgleich ist keine Betriebsvereinbarung, sondern vielmehr eine Kollektivvereinbarung besonderer Art. Der Abschluss eines Interessenausgleichs ist für beide Betriebsparteien freiwillig. Ein Interessenausgleich kann nicht erzwungen werden.

Typische Inhalte eines Interessensausgleiches:
* Beschreibung der konkreten Betriebsänderung
* Auswirkungen auf die Beschäftigten
* Vermeidung bzw. Verminderung von Nachteilen, z. B. durch Ausschluss betriebsbedingter Kündigungen; Standortsicherungen
* Maßnahmen zur Beschäftigungssicherung; Regelungen zur Vermeidung von Kündigung, Reduzierung von Arbeitskosten, Probezeitkündigungen
* Kurzarbeit
* Befristeter Ausschluss von Überstunden
* Möglichkeiten für unbezahlten Sonderurlaub, Verlängerung der Elternzeit
* Kündigung, keine Verlängerung von befristet Beschäftigten und Leiharbeitskräften
* Interne Beschäftigungspools, Konzernweit bzw. zu Partnerunternehmen
* Vorübergehende Beschränkung der Übernahme von Auszubildenden des Unternehmens oder zu anderen Unternehmen im Konzern.
* „Freiwilligenprogramme"/Anbieten von Aufhebungsverträgen
* Outsourcing und Fremdvergabe dauerhaft zu begrenzen, den Einsatz von Leiharbeitskräften, Werkverträgen dauerhaft zu beschränken

- Insourcing – fremdvergebene Aufträge wieder in den Betrieb zurückzuholen, zusätzliche Dienstleistungen für andere Unternehmen anzubieten,
- die Markt- und Wettbewerbspositionen durch Produktinnovation, Qualität und Service generell zu verbessern.
- Kündigungsverbote, Entlassungstermin, Umschulungen, Qualifizierungen, Auswahlrichtlinien für erforderliche Kündigungen ggf. mit einer sog. Namensliste.
- Terminierung Sozialplanverhandlungen

Anmerkung
Arbeitnehmer auf einer solchen Namensliste haben sehr eingeschränkte Erfolgsaussichten im Rahmen einer Kündigungsschutzklage, denn das Gericht überprüft die Auswahl nur noch auf grobe Fehler.

§ 1 Abs. 5 KSchG

(5) Sind bei einer Kündigung aufgrund einer Betriebsänderung nach § 111 des Betriebsverfassungsgesetzes die Arbeitnehmer, denen gekündigt werden soll, in einem Interessenausgleich zwischen Arbeitgeber und Betriebsrat namentlich bezeichnet, so **wird vermutet,** dass die Kündigung durch dringende betriebliche Erfordernisse im Sinne des Absatzes 2 bedingt ist. Die soziale Auswahl der Arbeitnehmer kann **nur auf grobe Fehlerhaftigkeit** überprüft werden. Die Sätze 1 und 2 gelten nicht, soweit sich die Sachlage nach Zustandekommen des Interessenausgleichs wesentlich geändert hat. Der Interessenausgleich nach Satz 1 ersetzt die Stellungnahme des Betriebsrates nach § 17 Abs. 3 Satz 2.

14.3 Sozialplan

Ein Sozialplan ist gemäß § 112 Abs. 1 S. 2 BetrVG die Einigung zwischen Unternehmer und Betriebsrat über den Ausgleich oder die Milderung der wirtschaftlichen **Nachteile,** die den Arbeitnehmern **infolge der geplanten Betriebsänderung** entstehen. Er ist bei jeder Betriebsänderung aufzustellen. Der Sozialplan stellt eine besondere Form einer Betriebsvereinbarung dar (suis generis). Grundsätzlich hat ein Sozialplan die gleichen Eigenschaften und Wirkungen wie eine Betriebsvereinbarung mit folgenden Ausnahmen. Unter bestimmten Voraussetzungen ist ein Sozialplan erzwingbar – Ausnahmen hiervon sind in § 112a BetrVG geregelt. Diese Ausnahmen gelten für Betriebsänderungen, die beschränkt sind auf die Entlassung einer bestimmten Anzahl von Beschäftigten oder bei Betriebsänderungen von neu gegründeten Unternehmen (in den ersten vier Jahren). Eine Verpflichtung zum Sozialplan besteht unabhängig vom Vorhandensein eines Interessenausgleiches. Unterscheidungen nach Lebensalter und Betriebszugehörigkeit sind zulässig, diese stellen i. d. R. keine Diskriminierung aufgrund des Alters dar, sondern sind ausdrücklich nach § 10 S. 3 Nr. 6 AGG zulässig. Besondere Bestimmungen für den Fall einer Insolvenz sind in der InsO (z. B. §§ 120 ff. InsO, § 80 InsO). geregelt.

Übersicht typische Inhalte eines Sozialplanes:
- Präambel
- Sachlicher Geltungsbereich
- Persönlicher Geltungsbereich
- Abfindungen
- Berechnungsgrundlage und Faktoren
- Übergang in eine Transfergesellschaft
- Sprinterprämien
- Angebote zur Altersteilzeit; Vorruhestand
- Arbeitszeugnis
- Unterstützung bei der Suche nach einem neuen Arbeitsplatz; Outplacement
- Regelungen bei einer späteren Wiedereinstellung beim alten Arbeitgeber
- Transfergesellschaft
- etc.

14.4 Transfergesellschaft

Der Arbeitgeber kann zusammen mit dem Betriebsrat und der Agentur für Arbeit eine sog. Transfergesellschaft (Beschäftigungsgesellschaft) einrichten. Eine solche Einigung erfolgt üblicherweise im Sozialplan.

Transfermaßnahmen sind alle Maßnahmen zur Eingliederung von Arbeitnehmerinnen und Arbeitnehmern in den Arbeitsmarkt, an deren Finanzierung sich Arbeitgeber angemessen beteiligen. Als Betriebsänderung gilt eine Betriebsänderung im Sinne des § 111 BetrVG, unabhängig von der Unternehmensgröße und unabhängig davon, ob im jeweiligen Betrieb das Betriebsverfassungsgesetz anzuwenden ist, § 110 Abs. 1 SGB III.

Um Entlassungen zu vermeiden und die Vermittlungsaussichten zu verbessern, haben Arbeitnehmer, welche die Voraussetzungen nach § 11 SGB III erfüllen, Anspruch auf **Transferkurzarbeitergeld,** (vgl. § 111 SGB III). In der Transfergesellschaft erhalten die gekündigten Arbeitnehmer für eine maximale Laufzeit von 12 Monaten durch die Agentur für Arbeit ein sog. Transferkurzarbeitergeld (§ 111 Abs. 2 BetrVG). Dieses Transferkurzarbeitergeld kann durch den Arbeitgeber zusätzlich aufgestockt werden.

Eine Transfergesellschaft ist kein richtiger Arbeitgeber. Sinn und Zweck einer Transfergesellschaft ist es, die Arbeitnehmer wieder auf den Arbeitsmarkt zu bringen, deshalb finden auch Schulungen für Bewerbungsgespräche, -Unterlagen und andere Fortbildungen statt. Die Arbeitnehmer können in der Regel, wenn sie sich innerhalb der Laufzeit der Transfergesellschaft (12 Monate) befinden, nach einem erfolglosen Einstieg in ein anderes Unternehmen (z. B. Probezeit nicht bestanden) wieder zurück in die Transfergesellschaft wechseln. Hierdurch wird der Anreiz genommen, die Transfergesellschaft auszusitzen und sich erst nach den 12 Monaten „richtig" zu bewerben. Die Arbeitnehmer in der Transfergesellschaft sind nicht beschäftigungslos, d. h. sie verbrauchen auch nicht ihren Anspruch auf Arbeitslosengeld (ALG I), sondern können, soweit sie in Anschluss an die Transfergesellschaft keine Beschäftigung gefunden haben, auf normalem Wege Arbeitslosengeld (ALG I) beantragen.

Einigungsstelle

15

Kommt in den Angelegenheiten der obligatorischen Mitbestimmung des Betriebsrates keine Einigung zwischen Arbeitgeber und Betriebsrat zustande, so dürfen beide Parteien jeweils eine Einigungsstelle einberufen. Es wird unterschieden zwischen einem erzwingbaren und einem freiwilligen Einigungsstellenverfahren. Gem. § 76 Abs. 1 BetrVG kann zur Beilegung von Meinungsverschiedenheiten zwischen Arbeitgeber und Betriebsrat, Gesamtbetriebsrat oder Konzernbetriebsrat bei Bedarf eine Einigungsstelle gebildet werden. Die Einigungsstelle wird nur auf Antrag tätig. Eine Einigungsstelle ist eine **außergerichtliche Schlichtungsstelle,** welche unter Ausschluss der Öffentlichkeit (auch nicht betriebsöffentlich)[1] darauf gerichtet ist, einen Konsens zwischen den Betriebsparteien herbeizuführen. Ist eine Einigung zwischen den Betriebsparteien nicht möglich, entscheidet die Einigungsstelle für die Betriebsparteien verbindlich. Daher ist neben der Auswahl der Beisitzer die Auswahl der/des Vorsitzenden von elementarer Bedeutung.

Der Spruch der Einigungsstelle kann dann binnen **zwei Wochen** vor dem **Arbeitsgericht angefochten** werden, vgl. § 76 Abs. 5 S. 4 BetrVG. Das Arbeitsgericht entscheidet jedoch nicht mehr in der Sache an sich, sondern überprüft nur, ob die Einigungsstelle ihre Regelungskompetenz überschritten hat (offensichtliche Unbilligkeit oder sonstige Rechtswidrigkeit). Die Einigungsstelle setzt sich zusammen wie folgt:

- Vorsitzende/r (unparteiische Person)
- Beisitzer Arbeitgeber
- Beisitzer Betriebsrat

---

[1]Fitting, § 76 Rn. 73.

© Springer Fachmedien Wiesbaden GmbH, ein Teil von Springer Nature 2019
M. Dimartino, *Kollektives Arbeitsrecht,* essentials,
https://doi.org/10.1007/978-3-658-24558-0_15

Weitere Teilnehmer:

• Rechtsbeistand
• Ggf. Sachverständige
• Betriebsparteien (Arbeitgeber, Betriebsrat)

Die Einigungsstelle entscheidet im Rahmen der Mitbestimmung endgültig (§ 76 Abs. 5 S. 1 BetrVG). Das heißt, der Spruch ist sowohl für den Betriebsrat und als auch den Arbeitgeber verbindlich. Die Kostenübernahme nach § 76a BetrVG trifft ausschließlich den Arbeitgeber, unabhängig vom Verhandlungsergebnis. Die innerbetrieblichen Beisitzer, z. B. Betriebsratsmitglieder, erhalten keine Vergütung, sind aber gem. § 37 Abs. 2 BetrVG unter Fortzahlung ihrer Vergütung von der Arbeit freizustellen. Dies gilt auch für Sitzungszeiten außerhalb der Arbeitszeit. Fallen Fahrt- und Übernachtungskosten an, sind diese ebenfalls zu erstatten.

Die Vergütung des Einigungsstellenvorsitzenden und der externen Beisitzer regelt § 76a Abs. 3 BetrVG. Die Vergütung des Einigungsstellenvorsitzenden bestimmt sich entweder nach vertraglicher Absprache mit dem Arbeitgeber oder nach den Grundsätzen der §§ 315, 316 BGB. Bemessungskriterien sind u. a. erforderlicher Zeitaufwand, Schwierigkeit der Streitigkeit und Verdienstausfall.

Sanktionen

Leider funktioniert die vertrauensvolle Zusammenarbeit nicht immer dauerhaft in allen Betrieben, daher sind im Gesetz auch Sanktionen geregelt. Dennoch sollte eine vertrauensvolle Zusammenarbeit grundsätzlich angestrebt werden. Im Grunde wollen letztlich beide Parteien, dass die geltenden Rechte eingehalten werden. Dies ist im beiderseitigen Interesse. Daher sind ein gutes Betriebsklima und Kenntnisse im „guten" Verhandeln unerlässlich. Manchmal trifft man aber in der Praxis auf Parteien, die sich wenig für Konfliktlösungsmechanismen und gute Kommunikation interessieren. Hier muss man sich nicht wundern, wenn das Betriebsklima ruiniert ist und die Parteien nur über Rechtsanwälte, Gericht sowie Einigungsstelle kommunizieren.

Wichtige Normen, die Ihnen bekannt sein sollten sind:

§ 23 BetrVG (Verletzung gesetzlicher Pflichten)

(1) Mindestens ein Viertel der wahlberechtigten Arbeitnehmer, der **Arbeitgeber** oder eine im Betrieb vertretene Gewerkschaft können **beim Arbeitsgericht** den **Ausschluss** eines Mitglieds aus dem Betriebsrat oder die **Auflösung** des Betriebsrats wegen **grober Verletzung seiner gesetzlichen Pflichten** beantragen. Der Ausschluss eines Mitglieds kann auch vom Betriebsrat beantragt werden.

(2) Wird der Betriebsrat aufgelöst, so setzt das Arbeitsgericht unverzüglich einen Wahlvorstand für die **Neuwahl** ein. § 16 Abs. 2 gilt entsprechend.

(3) Der Betriebsrat oder eine im Betrieb vertretene Gewerkschaft können bei **groben Verstößen des Arbeitgebers** gegen seine Verpflichtungen aus diesem Gesetz beim Arbeitsgericht beantragen, dem Arbeitgeber aufzugeben, eine Handlung zu **unterlassen,** die Vornahme einer Handlung zu dulden oder eine Handlung vorzunehmen. Handelt der Arbeitgeber der ihm durch rechtskräftige

M. Dimartino, *Kollektives Arbeitsrecht*, essentials,
https://doi.org/10.1007/978-3-658-24558-0_16

gerichtliche Entscheidung auferlegten Verpflichtung zuwider, eine Handlung zu unterlassen oder die Vornahme einer Handlung zu dulden, so ist er auf Antrag vom Arbeitsgericht wegen einer jeden Zuwiderhandlung nach vorheriger Androhung zu einem **Ordnungsgeld** zu verurteilen. Führt der Arbeitgeber die ihm durch eine rechtskräftige gerichtliche Entscheidung auferlegte Handlung nicht durch, so ist auf Antrag vom Arbeitsgericht zu erkennen, dass er zur Vornahme der Handlung durch Zwangsgeld anzuhalten sei. Antragsberechtigt sind der Betriebsrat oder eine im Betrieb vertretene Gewerkschaft. Das Höchstmaß des Ordnungsgeldes und Zwangsgeldes beträgt 10.000 EUR.

Beispiele für mögliche grobe Pflichtverletzungen des Betriebsrates
- grobe Beleidigung des Arbeitgebers
- Nichteinberufung von verpflichtenden Betriebsversammlungen nach § 43 BetrVG
- Nichtausübung gesetzlicher Mitwirkungs- und Mitbestimmungsrechte
- Desinteresse an vertrauensvoller Zusammenarbeit mit dem Arbeitgeber im Sinne des § 2 BetrVG
- Nichtbestellung eines Vorsitzenden oder stellvertretenden Vorsitzenden
- Abschluss einer Betriebsvereinbarung über einen bereits tarifvertraglich geregelten Gegenstand[1]

Beispiele für mögliche grobe Pflichtverletzungen des Arbeitgebers
- Beharrliche Verweigerung der Zusammenarbeit mit dem Betriebsrat (§ 2 Abs. 1 BetrVG).
- Beharrliche, generelle Missachtung der Mitwirkungs-, Mitbestimmungs- und Informationsrechte des Betriebsrats.
- Nachhaltige Verstöße gegen das Verbot der parteipolitischen Betätigung (§ 74 Abs. 2 S. 3 BetrVG).
- Ungenügende Unterrichtung des Wirtschaftsausschusses in wesentlichen Fragen (§ 106 Abs. 2 BetrVG).
- Unterlassung des Berichtes über die betriebliche Situation in der Betriebsversammlung (§ 43 Abs. 2 BetrVG).

Anmerkungen Mildere Mittel wären ähnlich wie im Individualrecht ein klärendes Gespräch oder eine betriebsverfassungsrechtliche Abmahnung[2].

---

[1]ArbG Hamburg, v. 27.06.2012, Az.: 27 BV 8/12.
[2]ArbG Solingen v. 18.02.2016 – 3 BV 15/15 lev.

§ 119 BetrVG (Straftaten gegen Betriebsverfassungsorgane und ihre Mitglieder)

(1) Mit **Freiheitsstrafe** bis zu einem Jahr oder mit **Geldstrafe** wird bestraft, wer

1. eine Wahl des Betriebsrats, der Jugend- und Auszubildendenvertretung, der Bordvertretung, des Seebetriebsrats oder der in § 3 Abs. 1 Nr. 1 bis 3 oder 5 bezeichneten Vertretungen der Arbeitnehmer **behindert** oder durch Zufügung oder **Androhung von Nachteilen** oder durch Gewährung oder **Versprechen von Vorteilen** beeinflusst,

2. die Tätigkeit des Betriebsrats, des Gesamtbetriebsrats, des Konzernbetriebsrats, der Jugend- und Auszubildendenvertretung, der Gesamt-Jugend- und Auszubildendenvertretung, der Konzern-Jugend- und Auszubildendenvertretung, der Bordvertretung, des Seebetriebsrats, der in § 3 Abs. 1 bezeichneten Vertretungen der Arbeitnehmer, der Einigungsstelle, der in § 76 Abs. 8 bezeichneten tariflichen Schlichtungsstelle, der in § 86 bezeichneten betrieblichen Beschwerdestelle oder des Wirtschaftsausschusses behindert oder stört, oder

3. ein Mitglied oder ein Ersatzmitglied des Betriebsrats, des Gesamtbetriebsrats, des Konzernbetriebsrats, der Jugend- und Auszubildendenvertretung, der Gesamt-Jugend- und Auszubildendenvertretung, der Konzern-Jugend- und Auszubildendenvertretung, der Bordvertretung, des Seebetriebsrats, der in § 3 Abs. 1 bezeichneten Vertretungen der Arbeitnehmer, der Einigungsstelle, der in § 76 Abs. 8 bezeichneten Schlichtungsstelle, der in § 86 bezeichneten betrieblichen Beschwerdestelle oder des Wirtschaftsausschusses um seiner Tätigkeit willen oder eine Auskunftsperson nach § 80 Absatz 2 Satz 4 um ihrer Tätigkeit willen benachteiligt oder begünstigt.

(2) Die Tat wird nur auf Antrag des Betriebsrats, des Gesamtbetriebsrats, des Konzernbetriebsrats, der Bordvertretung, des Seebetriebsrats, einer der in § 3 Abs. 1 bezeichneten Vertretungen der Arbeitnehmer, des Wahlvorstands, des Unternehmers oder einer im Betrieb vertretenen Gewerkschaft verfolgt.

§ 121 BetrVG finden sich auch Bußgeldvorschriften

(1) Ordnungswidrig handelt, wer eine der in § 90 Abs. 1, 2 Satz 1, § 92 Abs. 1 Satz 1 auch in Verbindung mit Absatz 3, § 99 Abs. 1, § 106 Abs. 2, § 108 Abs. 5, § 110 oder § 111 bezeichneten Aufklärungs- oder Auskunftspflichten nicht, wahrheitswidrig, unvollständig oder verspätet erfüllt.

(2) Die Ordnungswidrigkeit kann mit einer Geldbuße bis zu zehntausend Euro geahndet werden.

Streik

Das Streikrecht ist in Deutschland nicht ausdrücklich gesetzlich geregelt, sondern aus dem sog. Richterrecht entwickelt. Gewährt wird das Arbeitskampfrecht verfassungsrechtlich als Ausfluss der Koalitionsfreiheit bzw. Tarifautonomie in Art. 9 Abs. 3 GG (sog. Doppelgrundrecht positive/negative Koalitionsfreiheit). Streik ist ein **Arbeitskampfmittel** und dient der Herstellung von Verhandlungsgleichgewicht zwischen den verhandelnden Parteien eines Tarifvertrages. Das Bundesarbeitsgericht (BAG) hat festgestellt, dass Tarifverhandlungen ohne das Recht zum Streik „kollektives Betteln" wären[1].

Parteien von Tarifverhandlungen sind in der Regel Arbeitgeberverbände und Gewerkschaften. Streik ist die kollektive Arbeitsniederlegung von gewerkschaftlich organisierten Arbeitnehmerinnen und Arbeitnehmern, um bestimmten **tariflich regelbaren** Forderungen Nachdruck zu verleihen. Ein Streikrecht besteht nur dann, wenn ein Tarifvertrag nicht oder nicht mehr besteht bzw. die Forderung nicht bereits tariflich geregelt ist. Besteht ein Tarifvertrag oder ist die Forderung bereits tariflich geregelt, dann gilt die sog. **Friedenspflicht.** Bevor Arbeitskampfmittel ergriffen werden, müssen alle Verhandlungsmöglichkeiten ausgeschöpft worden sein (**Ultima-Ratio-Prinzip**). Auch müssen die Arbeitskampfmittel verhältnismäßig und eine Notversorgung gewährleistet sein. Zum Streik aufrufen dürfen nur Koalitionen, welche Träger der Tarifautonomie sind im Sinne von Art. 9 Abs. 3 GG, § 2 TVG. Dies sind in der Regel die Gewerkschaften.

Der Betriebsrat in seiner Amtsfunktion darf nicht streiken oder zum Streik aufrufen, dies würde einer vertrauensvollen Zusammenarbeit widersprechen, vgl. §§ 2, 74 Abs. 2 BetrVG. Das Betriebsratsmitglied, darf sich natürlich in

---

[1]BAG vom 10.6.1980 – 1 AZR 822/79; BAG 12.09.1984 – 1 AZR 342/83.

seiner Funktion als Arbeitnehmer am Arbeitskampf beteiligen und streiken. Das Betriebsratsamt ruht hingegen während eines Streikes nicht. D. h., grundsätzlich können sich auch Betriebsratsmitglieder in ihrer Funktion als Arbeitnehmer an Arbeitskampfmaßnahmen beteiligen, vgl. § 74 Abs. 3 BetrVG. Die dem Betriebsrat als Organ zur Verfügung gestellten Mittel wie z. B. Räumlichkeiten, kommunikationstechnische Mittel (z. B. E-Mail, Intranet, Internet, Hauspost), wirtschaftliche und sachliche Mittel dürfen nicht für den Arbeitskampf eingesetzt werden[2].

17.1 Rechtmäßigkeit eines Streikes

Die Rechtsprechung hat folgende Voraussetzungen für die Rechtmäßigkeit eines Arbeitskampfmittels entwickelt (sog. Richterrecht).

1. Von einer Gewerkschaft getragen
Ein Arbeitskampf muss von einer Gewerkschaft getragen sein. Spontane Arbeitsniederlegung und Aussperrungen ohne Verbandsbeschluss sind als sog. wilde Streiks nicht von der Koalitionsfreiheit/Tarifautonomie umfasst.

Anmerkung Beachten Sie den begrifflichen Unterschied der Koalition nach Art. 9 Abs. 3 GG und § 2 TVG, letzteres setzt eine „Tariffähigkeit" voraus.

2. Der Streik muss sich gegen den sozialen Gegenspieler richten
Mit sozialer Gegenspieler ist in der Regel der Arbeitgeber gemeint, also derjenige der den Tarifforderungen auch nachkommen kann.

3. Tariflich regelbares Ziel/kein politischer Streik
Der Arbeitskampf (i. d. R. Streik) muss sich auf ein tariflich regelbares Ziel beziehen. Nicht geschützt wird ein sog. politischer Streik als Protestaktion gegen staatliche Instanzen.

4. Kein Verstoß gegen die Friedenspflicht
Arbeitskampfmaßnahmen dürfen nicht gegen die sog. Friedenspflicht verstoßen. Es wird unterschieden zwischen der absoluten und der relativen Friedenspflicht.

---

[2]Fitting, § 74 Rn. 16 ff.

- Absolute Friedenspflicht bedeutet, dass während der Laufzeit eines Tarifvertrages generell keine Arbeitskampfmittel ergriffen werden dürfen. Die absolute
  Friedenspflicht wird kaum vereinbart werden.

- Relative Friedenspflicht bedeutet, dass keine Arbeitskampfmaßnahmen gegen
  im laufenden Tarifvertrag (abschließend) geregelte Sachverhalte geführt werden dürfen. Ob etwas abschließend durch Tarifvertrag geregelt werden sollte,
  lässt sich im Streitfall durch Auslegung ermitteln. Oft findet man in Tarifverträgen auch sog. Öffnungsklauseln, die explizit darauf verweisen, dass dieser
  Sachverhalt nicht abschließend geregelt werden sollte und z. B. durch eine
  Betriebsvereinbarung noch der genaueren Ausformung bedarf.

5. Verhältnismäßig/Ultima Ratio
Maßnahmen des Arbeitskampfes müssen stets verhältnismäßig sein. Arbeitskampfmaßnahmen sollen erst als letztes Mittel (Ultima Ratio) nach Ausschöpfung
aller anderen Möglichkeiten ergriffen werden. Die Rechtsprechung hat als
Grenze der Arbeitskampffreiheit sich für ein sog. faire Arbeitskampfführung ausgesprochen. Diese beinhaltet unter anderem:

- Ausfluss des Rechtsgedanken aus § 826 BGB, Grenze der Sittenwidrigkeit
- Keine Anwendung von Gewalt
- Keine Betriebsblockade
- Erhaltungsarbeiten (z. B. Maschinen, die durchlaufen müssen)

> Erhaltungsarbeiten, die auch während eines Arbeitskampfes zu leisten sind, sind
> diejenigen Arbeiten, die erforderlich sind, um die Anlagen und Betriebsmittel wäh-
> rend des Arbeitskampfes so zu erhalten, dass nach Beendigung des Kampfes die
> Arbeit fortgesetzt werden kann[3].

- Notdienstgewährleistung (z. B. im Krankenhaus)

Checkliste: Rechtmäßiger Streik
- Von einer Gewerkschaft getragen
- Gegen den sozialen Gegenspieler
- Bzgl. eines tariflich regelbaren Ziels (kein politischer Streik)

---

[3]BAG v. 30.3.1982 – 1 AZR 265/80.

- Kein Verstoß gegen die Friedenspflicht (Kein Streik bei Gegenstand eines laufenden TV)
- Ultima-Ratio-Prinzip (Letzte Mittel, d. h., sämtliche Verhandlungsmöglichkeiten müssen ausgeschöpft sein).

Eine Überprüfung der Rechtmäßigkeit eines Streikes ist im Wege einer einstweiligen Verfügung durch das örtlich zuständige Arbeitsgericht möglich.

17.2 Folgen eines rechtswidrigen Arbeitskampfes

1. Folgen eines rechtswidrigen Arbeitskampfes des Arbeitgebers War eine Aussperrung rechtswidrig, so haben die Arbeitnehmer Anspruch auf Zahlung des Lohnes wegen Annahmeverzug des Arbeitgebers nach § 615 BGB sowie einen einklagbaren Beschäftigungsanspruch.

Daneben steht den Gewerkschaften ein deliktischer Unterlassungsanspruch nach § 1004 BGB i. V. m. § 823 Abs. 1 BGB und Art. 9 Abs. 3 GG wegen unzulässigen Eingriffs in das Recht zur koalitionsmäßigen Betätigung zu. Zusätzlich kommen Schadensersatzansprüche nach § 823 Abs. 1 BGB sowie vertragliche Unterlassungs- und Schadensersatzansprüche aus § 280 Abs. 1 S. 1 BGB wegen der Verletzung des Tarifvertrages in Betracht.

2. Folgen eines rechtswidrigen Arbeitskampfes der Arbeitnehmer
War ein Arbeitskampfmittel/Streik rechtswidrig, so besteht wegen Verletzung der arbeitsvertraglichen Arbeitspflicht eine daraus resultierende Schadensersatzpflicht, soweit auch ein Verschulden vorliegt. Ein Verschulden liegt beispielsweise nicht vor, wenn die Arbeitnehmer einem Streikaufruf der Gewerkschaft gefolgt sind, denn diese dürfen dann auf die Rechtmäßigkeit des Streikaufrufs vertrauen[4].

Die Verletzung der aus dem Arbeitsvertrag resultierenden Arbeitspflicht aufgrund einer Teilnahme an einem rechtswidrigen Streik stellt grundsätzlich auch einen wichtigen Grund zur außerordentlichen Kündigung nach § 626 BGB dar[5]. Zumindest ist eine Abmahnung möglich, da das Arbeitsverhältnis nicht ruhte.

[4]BAG v. 21.3.1978 –1 AZR 11/76.
[5]BAG v. 29.11.1983 – 1 AZR 469/81.

Weiter in Betracht kommt eine Verletzung der Treuepflicht gem. § 241 BGB und letztlich § 823 Abs. 1 BGB i. V. m. mit einem rechtswidrigen und schuldhaften Eingriff in den eingerichteten und ausgeübten Gewerbetrieb des Arbeitgebers.

3. Haftung der Gewerkschaft

Aus Vertragsverletzung haftet die Gewerkschaft nur bei einem schuldhaften Verstoß gegen die aus dem Tarifvertrag resultierende Friedenspflicht. Ansonsten kommt § 823 Abs. 1 BGB wegen eines schuldhaften und rechtswidrigen Eingriffs in den eingerichteten und ausgeübten Gewerbebetrieb in Betracht.

Wichtig Der Arbeitgeberverband hat mittels Unterlassungsklage vorbeugend beabsichtigten rechtswidrigen Streikaktionen entgegenzuwirken[6]. Er darf also nicht sehenden Auges die Haftung ins Uferlose laufen lassen.

17.3 Warnstreik

Der Warnstreik ist eine Sonderform des Streiks und beinhaltet – im Gegensatz zum richtigen Streik – eine relativ kurze Arbeitsniederlegung. Die Rechtmäßigkeit solcher Streiks während laufender Verhandlungen war lange umstritten. Solche kurzen Warnstreiks während Tarifverhandlungen nach Ablauf der Friedenspflicht sind jedoch zulässig, wenn diese von einer Gewerkschaft getragen sind und die Verhandlungen gescheitert sind. Warnstreiks sind ebenfalls vom Schutzbereich der Koalitionsfreiheit[7] umfasst. Das Verhältnismäßigkeits- und Ultima-Ratio-Prinzip gilt auch für Warnstreiks, ihnen muss wie bei jedem anderen Streik der Versuch von druckfreien Verhandlungen vorangegangen sein.

Anmerkung Der Arbeitgeber kann im Rahmen einer einstweiligen Verfügung (hierzu s. u.) die Rechtmäßigkeit eines Streikes gerichtlich überprüfen lassen.
Prozessual werden kollektivrechtliche Streitigkeiten vor dem zuständigen Arbeitsgericht geltend gemacht und im Beschlussverfahren durchgeführt, vgl. §§ 80 ArbGG i. V. m. § 2a ArbGG, § 82 ArbGG. Im arbeitsgerichtlichen Beschlussverfahren herrscht ein sog. Untersuchungsgrundsatz, § 83 Abs. 1 ArbGG.

---

[6]BAG v. 26.4.1988 – 1 AZR 399/86.
[7]BAG v. 17.12.1976 – 1 AZR 605/75.

Arbeitsgerichtsbarkeit

18

In Deutschland sind für arbeitsrechtliche Streitigkeiten die Arbeitsgerichte zuständig. Das Arbeitsgerichtsverfahren hat drei Instanzen (Arbeitsgericht, Landesarbeitsgericht, Bundesarbeitsgericht). Grundsätzlich wird in erster Instanz durch die Arbeitsgerichte entschieden, § 8 Abs. 1 ArbGG. Ausnahmen von diesem Grundsatz sind in §§ 97, 98 ArbGG geregelt – hier wurde die sachliche Zuständigkeit des LAG eingeführt durch das Tarifautonomiestärkungsgesetz[1]. In zweiter Instanz sind die Landesarbeitsgerichte zuständig und in dritter und letzter Instanz das Bundesarbeitsgericht mit Sitz in Erfurt (§ 40 Abs. 1 ArbGG).

18.1 Verfahrensarten

Grob lässt sich festhalten, dass in individualrechtlichen Streitigkeiten im sog. **Urteilsverfahren** und in kollektivrechtlichen Streitigkeiten im sog. **Beschlussverfahren** entschieden wird, vgl. § 80 ArbGG. Einer der wichtigsten Unterschiede zwischen den Verfahren ist, dass im Urteilsverfahren der normale zivilrechtliche Beibringungsgrundsatz herrscht (ZPO), d. h., das Gericht entscheidet nur über die von den Parteien eingebrachten Tatsachen. Im Beschlussverfahren gilt ein Amtsvermittlungsgrundsatz, d. h., das Gericht erforscht den Sachverhalt und hat an der Aufklärung des Sachverhaltes mitzuwirken[2], vgl. § 83 Abs. ArbGG. Zudem ist das Beschlussverfahren gerichtskostenfrei, Gebühren und Auslagen werden im Beschlussverfahren nicht erhoben. Sofern die Hinzuziehung eines Rechtsanwaltes

---

[1]Walker in Schab/Weth, § 98 Rn. 15.
[2]Liebscher in Schwab/Weth, § 1 Rn. 6.

© Springer Fachmedien Wiesbaden GmbH, ein Teil von Springer Nature 2019
M. Dimartino, *Kollektives Arbeitsrecht,* essentials,
https://doi.org/10.1007/978-3-658-24558-0_18

durch den Betriebsrat notwendig war, hat der Arbeitgeber die dem Betriebsrat hierdurch entstandenen Kosten zu tragen.

18.2 Einstweiliger Rechtsschutz

Für besonders eilbedürftige Sachen besteht auch vor den Arbeitsgerichten die Möglichkeit des einstweiligen Rechtsschutzes. Örtlich und sachlich zuständig ist ausschließlich das Arbeitsgericht, welches auch in der Hauptsache zuständig wäre, § 937 Abs. 1 ZPO. Voraussetzung für eine Begründetheit des Antrages auf einstweilige Verfügung ist das Vorliegen eines:

• **Verfügungsanspruches**
• und eines **Verfügungsgrundes** (z. B. besondere Dringlichkeit, Wiederholungs- gefahr, Untergang der Beweismittel oder Sache)

In der Praxis wird der Verfügungsgrund zuerst geprüft, denn soweit kein Verfügungsgrund für die besondere Eilbedürftigkeit besteht, braucht man auch keinen Anspruch zu suchen.

Es kommen alle drei Verfügungsarten in Betracht:

• Sicherungsverfügung (§ 935 ZPO)
• Regelungsverfügung (§ 940 ZPO)
• Leistungs- bzw. Befriedigungsverfügung

Die Entscheidung ergeht durch Beschluss der Kammer, vgl. § 85 Abs. 2 S. 2 ArbGG. Auch im Eilverfahren gilt der **Untersuchungsgrundsatz** gem. § 83 Abs. 1 ArbGG. Der Antragsteller muss aber dennoch seinen Anspruch begründen und die anspruchsbegründenden Tatsachen vortragen. Zu beachten ist, dass arbeits- rechtliche Besonderheiten abweichend zur ZPO bestehen.

Beispiele: Rechtssachen des einstweiligen Rechtschutzes
• Vorläufige Einstellung nach § 101 BetrVG
• Überstunden
• Urlaubgewährungsanspruch eines Arbeitnehmers
• Feststellung der Un-/bzw. Rechtmäßigkeit eines Streikes

18.3 Mahnverfahren

Zuständig für Mahnverfahren in Arbeitssachen ist das Arbeitsgericht, das für die im Urteilsverfahren erhobene Klage zuständig wäre, § 46a Abs. 2 ArbGG.

Jede Partei hat im Urteilsverfahren in erster Instanz die eigenen Kosten zu tragen, unabhängig, ob die Partei gewinnt oder verliert, vgl. § 12a ArbGG.

18.4 Verfahrensgang

Jedes Verfahren beginnt grundsätzlich unabhängig vom Streitwert in der ersten Instanz, dem örtlich zuständigen **Arbeitsgericht** (§ 48 ArbGG). Dieses setzt zunächst einen Gütetermin (§ 54 ArbGG) an und, soweit keine Einigung erzielt werden kann, einen sog. Kammertermin (§ 57 ArbGG), bei diesem sind auch die ehrenamtlichen Richter geladen. Sollten die Parteien sich weiter streiten, ist sodann das örtliche **Landesarbeitsgericht** zuständig und einigen Fällen ist auch der Weg zum **Bundesarbeitsgericht** eröffnet. Arbeitsgerichtsprozesse sind öffentlich. In der ersten Instanz besteht kein Rechtsanwaltszwang. Einer besonderen Bedeutung kommt im arbeitsrechtlichen Verfahren die abgestufte Beweislast zu.

Anmerkung Der Gütetermin ist nicht zu verwechseln mit dem besonderen Verfahren, dem „Güterichterverfahren" (§ 54 Abs. 6 ArbGG), hier versucht ein Richter mit besonderen Kenntnissen in Mediation unter Ausschluss der Öffentlichkeit die Parteien zu einigen.

▷ **Wichtig** Achten Sie im Arbeitsgerichtsprozess auf die abweichenden vom Zivilprozess kürzeren Fristen, z. B. kann gem. § 59 Abs.1 ArbGG ein Einspruch gegen ein Versäumnisurteil nur binnen einer Woche eingelegt werden.

18.5 Ehrenamtliche Richter

Von besonderer Bedeutung sind im Arbeitsgerichtsverfahren die ehrenamtlichen Richter. Sinn und Zweck der Beteiligung von ehrenamtlichen Richtern ist es, neben dem juristischen Rechtsempfinden auch das Verständnis von rechtlichen Laien einzubeziehen, um so Urteile möglichst an der Lebenswirklichkeit zu treffen. Ehrenamtliche Richter sind in allen Instanzen (Arbeitsgericht, Landesarbeitsgericht,

Bundesarbeitsgericht) der Arbeitsgerichtsbarkeit vertreten. Es wird jeweils ein ehrenamtlicher Richter für die Arbeitgeber- sowie Arbeitnehmerseite eingesetzt. Regelungen zu ehrenamtlichen Richtern finden sich in den §§ 20 bis 31 ArbGG.

Berufung ehrenamtlicher Richter

Ehrenamtliche Richter werden von der zuständigen obersten Landesbehörde oder einer von der Landesregierung durch Rechtsverordnung bestimmten Stelle für die Dauer von fünf Jahren berufen.

Voraussetzungen

Nach § 21 Abs. 1 ArbGG müssen ehrenamtliche Richter das 25. Lebensjahr vollendet haben und im Bezirk des Arbeitsgerichtes tätig sein oder wohnen. Man kann immer nur an einem Arbeitsgericht und immer nur für eine Seite (Arbeitgeber oder Arbeitnehmer) als ehrenamtlicher Richter berufen sein.

Vom Amt des ehrenamtlichen Richters ist nach § 21 Abs. 2 ArbGG ausgeschlossen:

- wer infolge Richterspruchs die Fähigkeit zur Bekleidung öffentlicher Ämter nicht besitzt oder wegen einer vorsätzlichen Tat zu einer Freiheitsstrafe von mehr als sechs Monaten verurteilt worden ist;
- wer wegen einer Tat angeklagt ist, die den Verlust der Fähigkeit zur Bekleidung öffentlicher Ämter zur Folge haben kann;
- wer das Wahlrecht zum Deutschen Bundestag nicht besitzt (also kein Deutscher i. S. d. Art. 116 GG ist).
- hinzukommt, dass Personen, die in einen Vermögensverfall geraten sind nicht als ehrenamtliche Richter berufen werden sollen

Ferner können auch Beamte und Angestellte eines Arbeitsgerichtes nicht als ehrenamtliche Richter berufen werden.

Übersicht: Wichtige Normen im BetrVG

§ 1 BetrVG	Errichtung von Betriebsräten
§ 2 BetrVG	Vertrauensvolle Zusammenarbeit
§ 5 BetrVG	Begriff AN nach BetrVG; Definition Leitende/r Angestellte/e
§ 7 BetrVG	Wahlberechtigung
§ 8 BetrVG	Wählbarkeit

§ 14 BetrVG	Wahlvorschriften
§ 23 BetrVG	Verletzung gesetzlicher Pflichten
§ 28 BetrVG	Übertragung von Aufgaben auf Ausschüsse
§ 30 BetrVG	Betriebsratssitzung
§ 33 BetrVG	Beschlüsse des Betriebsrates
§ 38 BetrVG	Freistellungen
§ 39 BetrVG	Sprechstunden
§§ 40, 41 BetrVG	Kosten, Umlageverbot
§ 42 BetrVG	Betriebsversammlung
§§ 76, 76 a BetrVG	Einigungsstelle, Kosten
§ 77 BetrVG	Betriebsvereinbarung
§ 78a BetrVG	Schutz Auszubildender und Übernahmeanspruch JAV
§ 79 BetrVG	Geheimhaltungspflicht
§ 80 BetrVG	Allgemein Aufgaben und Informationsrechte, Einsicht in Bruttolohnlisten
§ 81 BetrVG	Unterrichtungs- und Erörterungspflicht des AG
§ 82 BetrVG	Anhörungs- und Erörterungsrecht des Arbeitnehmers
§ 83 BetrVG	Einsicht in die Personalakte
§ 84 BetrVG	Beschwerderecht
§ 85 BetrVG	Behandlung von Beschwerden d. d. BR
§ 87 BetrVG	Mitbestimmung in sozialen Angelegenheiten
§ 88 BetrVG	Freiwillige Betriebsvereinbarung
§ 93 BetrVG	Ausschreibung von Arbeitsplätzen
§ 99 BetrVG	Mitbestimmung bei personellen Einzelmaßnahmen
§ 100 BetrVG	Vorläufige personelle Maßnahme
§ 102 BetrVG	Mitbestimmung bei Kündigungen
§ 110 BetrVG	Unterrichtung der Arbeitnehmer
§ 111 BetrVG	Betriebsänderung
§ 112 BetrVG	Interessenausgleich, Sozialplan
§ 118 BetrVG	Tendenzbetriebe, Religionsgemeinschaften
§ 119 BetrVG	Straftaten gegen Betriebsverfassungsorgane
§ 120 BetrVG	Verletzung von Geheimnissen
§ 121 BetrVG	Bußgeldvorschriften

Schluss

Abschließend erfahren Sie noch einmal zusammengefasst, was Sie in diesem *essential* finden.

Wir freuen uns, Ihnen ein übersichtliches Nachschlagwerk an die Hand zu geben, das Sie bei der täglichen Arbeit unterstützt.

© Springer Fachmedien Wiesbaden GmbH, ein Teil von Springer Nature 2019
M. Dimartino, *Kollektives Arbeitsrecht,* essentials,
https://doi.org/10.1007/978-3-658-24558-0

Was Sie aus diesem *essential* mitnehmen können:

- Wichtige Grundbegriffe aus dem kollektiven Arbeitsrecht
- Eine Übersicht über relevante Praxisthemen aus dem kollektiven Arbeitsrecht
- Übersicht über die Zusammenarbeit mit der Arbeitnehmervertretung, sowie Wirtschaftsausschuss, Schwerbehindertenvertretung und Jugend- und Auszubildendenvertretung

Literatur

Erfurter Kommentar zum Arbeitsrecht, hrsg von Müller-Glöge/Preis/Schmidt, 19. Aufl. 2019
Fitting/ Engels/Schmidt/Rebinger/Linsenmaier, BetrVG Kommentar 29. Auflage. 2018
Kittner/Däubler/Zwanziger, Arbeitsrecht, 9. überarbeitete Auflage 2017
Schwab/Weth (Hrsg), ArbGG Kommentar, 5. neu bearbeitete Auflage 2018
Palandt, Bürgerliches Gesetzbuch Kommentar, 77. Aufl. 2018

© Springer Fachmedien Wiesbaden GmbH, ein Teil von Springer Nature 2019   81
M. Dimartino, *Kollektives Arbeitsrecht,* essentials,
https://doi.org/10.1007/978-3-658-24558-0

Printed in the United States
By Bookmasters